きちんとした女性に見られる

エレガントのルール100

Emiko Kato
加藤ゑみ子―監修
Nakakoji Mutsuyo
中小路ムツヨ―イラスト

大和書房

はじめに

もうかなり前の話ですが、つまりわたしが若かった頃、尊敬する大先生にかぎりなくたくさんの質問をしました。そのなかのひとつに、「これからの時代に女性が社会的に仕事に携わるということはどういうことでしょうか」とお尋ねしたことを覚えています。それは社会人としての心構えを、女性の場合という意味でお尋ねしたわけです。

若いということは、おおいに愚かで、考える前に聞いてしまう、そのうえ大胆で向こう見ずです。幸い大先生は専門家であると同時に高いレベルの見識がおありになる方だったので、お応えくださいました。

「女性であることを全うしなさい」

やはり〝自分で考えなさい〟といわれたわけです。それ以来ずーっとこのことを考え続け、到達したといえるわけではありませんが……。

「美しい」ことが大切と、まず第一に気づきました。

美しい人、美しいもの、美しい空間、美しい時間の流れ、美しい心、美しいふるまい、美術、音楽、建物、物語、詩、演劇、舞踊、すべての芸術などとおおげさにいうまでもなく、日常生活のなかで、「美しい」は心を癒し、疲れを取り除くものだということです。

美しいことは人間にとって必要なこと、大切なこと、なくてはならないものです。それを担うのは「美しい」に敏感な女性なのだということです。

まず、自分自身が美しくなることの努力を怠らないことでしょう。

それは、美容と健康、身だしなみにとどまらず、毎日の生活の場を美しく整え、自分以外の人とのかかわりにおいても、常に「美しい」を大切に生きることではないでしょうか。

この書にある基本的なことは、知っていることも、知らなかったことも繰り返し、日常生活に生かせばよい習慣となります。次に自分自身の美意識ができあがってくれれば、美しく生きるということがたやすく、迷いのない、自然なものとなるものです。

「美しい」に勝るものはないとすべての女性が確信できたら、身近な周囲も、遠くの世界も、穏やかになりそうです。

加藤ゑみ子

きちんとした女性に見られる
エレガントのルール100
もくじ

Part 1

しぐさや外見を磨いて美しく

1 エレガントの4つの法則で好印象

相手に与える第一印象は、
服装やふるまい、しぐさなどで決まります。
どんなシチュエーションでも、
エレガントな身だしなみを心がけましょう。

1 「色」の法則

流行にとらわれず、
自然に見えることがエレガント。
ヘアカラー、チーク、口紅、服装などは、
肌の色を引き立てることを意識して、
コーディネートします。

2 「自己主張しすぎない」法則

香りなら、
強いものよりも控えめな香り。
ほのかな香りが、
より深い印象を残します。
アクセサリーなども、
あらたまったときだけに
さりげなく質のいいものを。
若さにアクセサリーは無用です。

3「小さい部分こそケアする」法則

指先は意外と目立つもの。
ネイルは透明や薄ピンクが基本。
美しく手入れされていない爪は、
乱れた生活をイメージさせます。
靴も同じ！
靴の先が汚れていたら、
すべてのコーディネートが台なしに。

4「健康的＝エレガント」の法則

寝不足で肌がボロボロ、
二日酔いで寝坊してノーメイク……。
自己管理ができていないと、
女性としての輝きも失います。
いつも健康的で意欲のある姿こそ、
みんなを元気にする魅力的な女性です！

ビジネスシーンでは「機能的」がエレガント！

オフィスでは、
コピーを取る、書類を作成するなど、
動きやすいスタイルのほうが、
すべての動きを美しく見せます。

ヒールは
3㎝程度が
疲れにくい。
すっきりした
印象の
ヘアスタイル。
メイクは
清潔感＋
明るさ。
ジャケットは急な
来客に対応できる。
上質でシワに
なりにくいものを。

② ヘアスタイルはすっきりと！

メイク以上にあなたの第一印象を大きく左右するのがヘアスタイルです。
あごのラインが気になるから、顔が大きいから、などといって、
髪で隠すとコンプレックスだけが目立って、
印象よくありません。
髪はすっきりとまとめたほうが、
あなたが本来もっている内面が美しく表現できます。

ヘアスタイルの決め方 5つのポイント

自分の魅力を輝かせるヘアスタイルって、なに？
それは、
髪質やあなたのキャラクターにぴったり合った髪型です。
それさえ見つかれば、
あなたの魅力も全開です！

1 自分に似合っている髪型
2 前髪は目にかからない
3 カラーは黒か自然なブラウン
4 あごのラインをすっきり出す
5 ケアしやすいスタイル

3 持ちもの必須アイテム

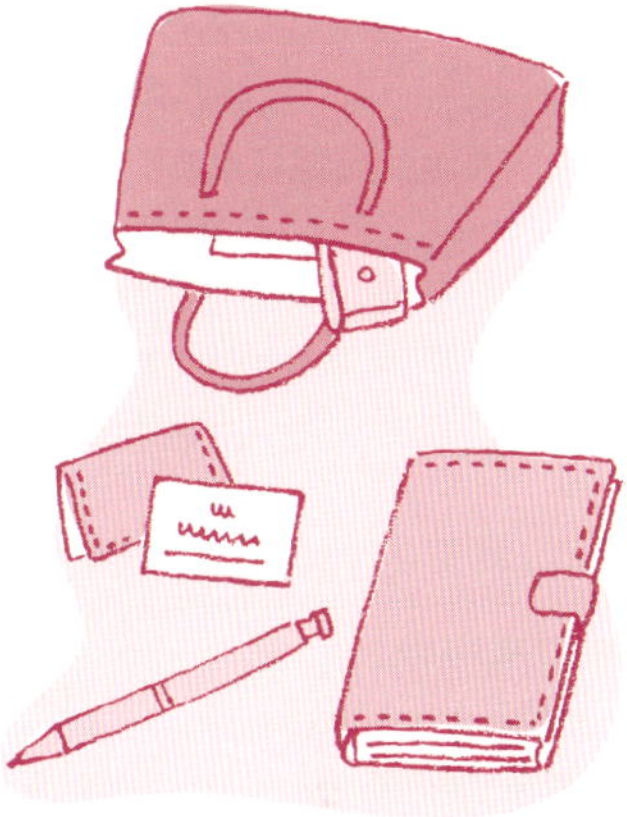

自分のお気に入りのものを持っている、
というだけで、
はじめて会う人、知らない場所でも、
なぜか不安にならないものです。
持ちものはなるべく少なく、身軽で。
「これさえあればOK」という
必要最低限のものを
チェックしておきましょう。

★機能的でシャレた3つの筆記用具
スケジュール管理やアイデアを
書き込む手帳。
シルバーの華奢《きゃしゃ》なデザインのペン。
長く使える良質の名刺入れ。

★ハンカチ3種
1枚は手を拭くためのもの。
2枚めはひざにかけたり、
ものを包むなど、大判のハンカチ。
3枚めは口もとや目頭などに当てる
白のレース。
お気に入りのほのかな香りを
つけるのも○。

★替えのストッキング
いざというときに便利。
どんな服にも合わせやすい肌色を1枚。
自分自身のためだけでなく、
だれかのピンチにも。

★化粧ポーチ
健康的な肌に見せるチークや、
どんな服にも合う色の口紅などを
入れておくと心強い。

4 美しい姿勢がきれいをつくる

立っているだけなのに、なぜかその人の生き様まで
感じ取れてしまうのはなぜでしょう。
猫背になっている女性からは気品を感じません。
反対に、背筋がシャキッとしていると、
どんなことにも打ちのめされない強さを感じます。
それだけではなく、着ている洋服や持ちものが
とってもすてきに見えるから不思議です。

美しく見える立ち姿の基本

背中の肩甲骨を
ぐっと絞るような気持ちで、
首をすっと伸ばして
遠くを見てみましょう。
背がちょっと高くなって、
見える世界も違ってきます。

頭
上から
引っぱられているような
気持ちで。

あご
上げすぎない。
5mくらい先を見る。

背中
肩甲骨をぐっと絞ると、
バストラインも美しい。

おなか
おへそに力を
入れる。

お尻
ぐっと真ん中に寄せると、
背骨のS字ラインが
きれいに出る。

ひざ
足をすっと伸ばして
ひざをつける。

Point!
肩、腰骨、ひざなどの左右を結んだとき、
地面と平行になるように意識する。
ゆがんでいると、だらしなく見えるので注意。

5 きれいな歩き方はスタイルもよく見える

基本の立ち姿をマスターしたら、美しく歩くのはもう簡単。
地面にまっすぐな線があるのをイメージして、
その上を進むような気持ちで歩いてみましょう。

歩くときの3つのステップ

立ち姿の基本姿勢から、ひざを伸ばして肩幅くらいの1歩を踏み出す。ハイヒールのときは、少し歩幅は小さく。

着地はかかとから。つま先で地面をける。リズミカルに。

上半身が上下左右に傾かないように、肩、おへそは常に正面。骨盤が安定し、靴底の減り方も、左右同じになる。

美しく見えるコツ

ポイントは、手の動きにあります。直線的な動きより、「曲線」。小指を離さず指先をそろえ、弧を描くように手を振ります。女性らしいしなやかさが加わり、颯爽《さっそう》と歩く姿に優雅さを与えてくれます。

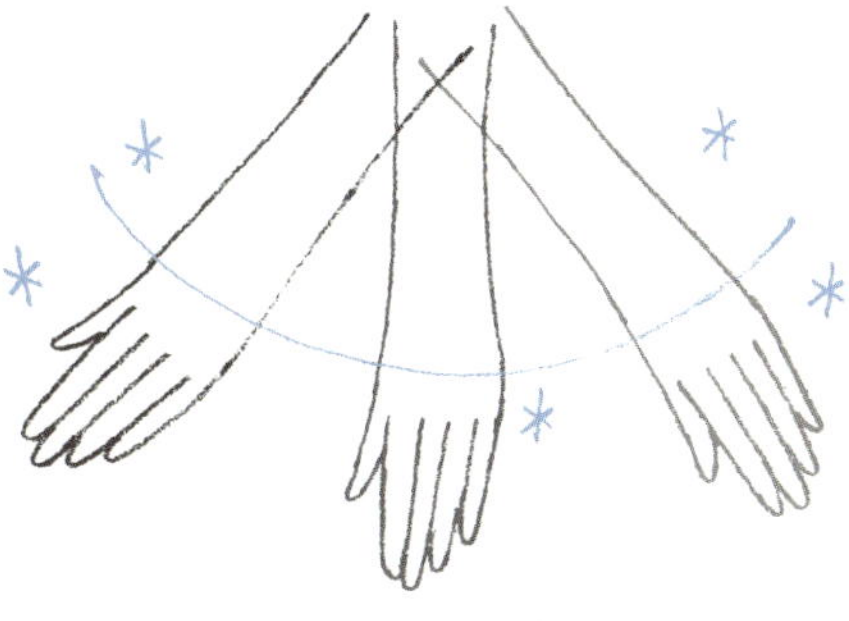

6 美人になる座り方

座り方の基本

おなか
猫背になっていると
おなかがポッコリ。
腹筋をしっかり使えば
姿勢が美しくなり、
シェイプアップ効果も!

背中
背筋をすっと伸ばす。
背もたれには、
寄りかからない。

手
肩の力を抜き、
太ももの上に置く。

足
靴底は床につけて、
両足をきちんと
そろえる。
ひざは
90度が基本。

正座をするとき

きれいな正座は、
重心が少し前にくるように。
背筋が自然にすっと伸びて、
足のしびれ防止にも。
足をくずすことを
すすめられたときは、
くずしても
無作法になりません。
正座をするときは、
長いスカートが◎!

座り方の4つのステップ

流れるような自然な動作で、
静かに座るのがコツ。
バレリーナのように、
手足の動きは
優雅に華麗に！

1　イスの左側に立つ
2　左足を1歩踏み出す
3　イスの正面に立つ
4　静かにすっと腰を下ろす

注…座るときは、
お尻を突き出さない。

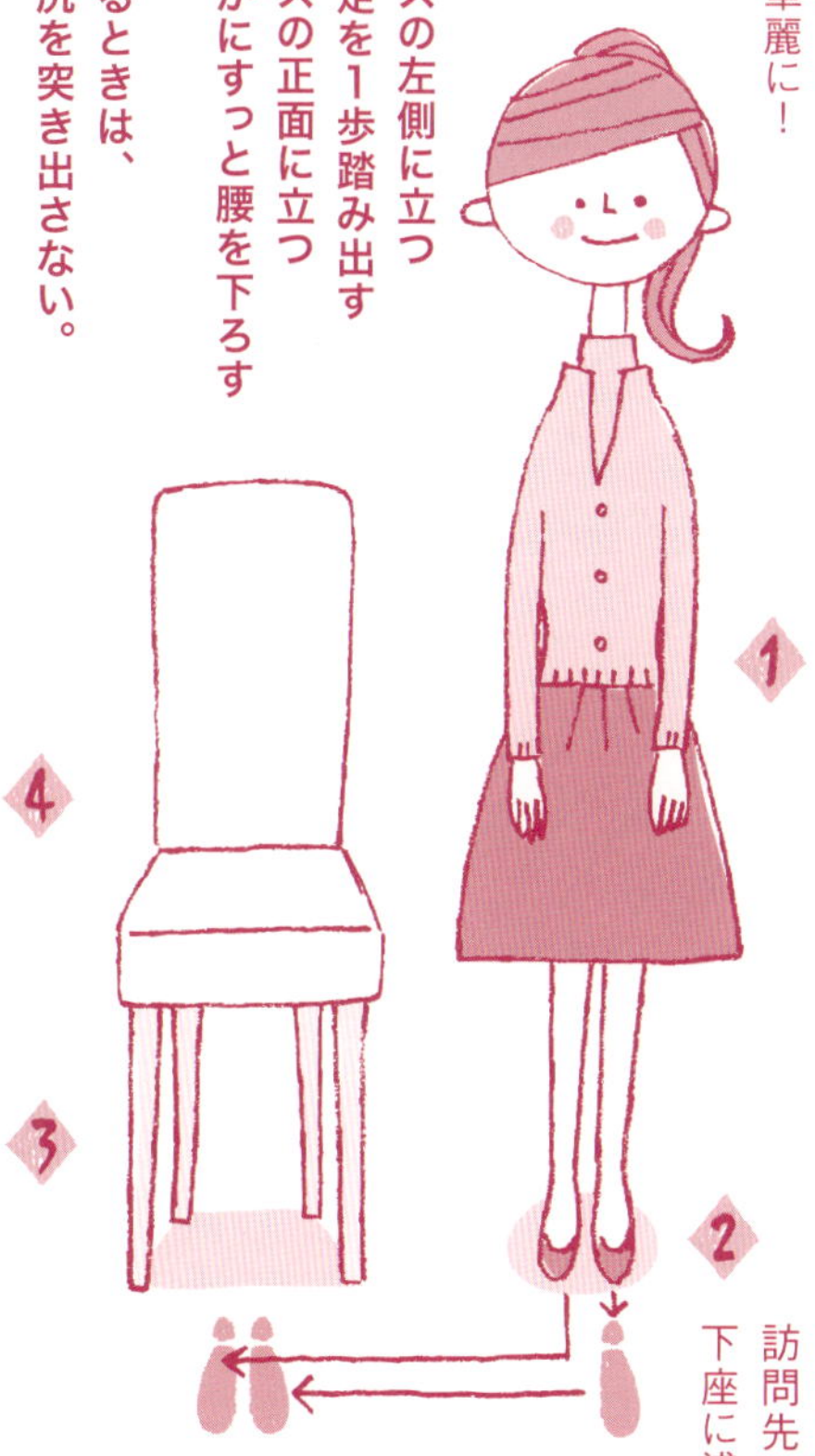

座る位置で印象が変わる

深めに座るのが基本。
上半身が安定して、
美しい姿勢がキープでき、
まわりの人に安心感と信頼感を与えます。
訪問先で待つときは逆に、
下座に浅く控えめに座りましょう。

足が美しく見えるコツ

両足のひざから下が、
ぴったりそろっていると
足が長く見えます。
背筋をすっと伸ばし、
両足を視線と
同じほうへ流すと
上品さが漂います。

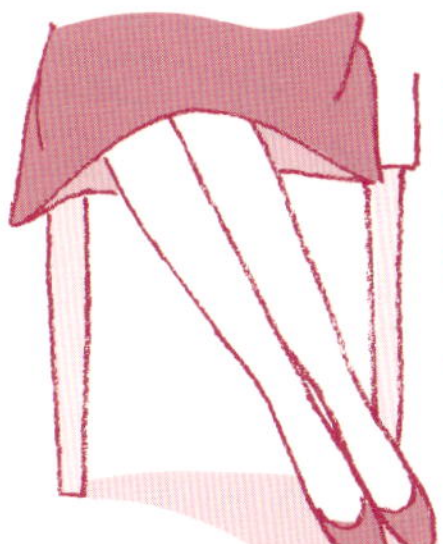

7 指先をそろえると美しくなる！

名刺を両手で渡す、
お茶碗を両手で持つというのは、
日本文化の美しい作法です。
たった1枚の書類や、
ほんの小さなものでも、
必ず両手で持ちましょう。
ものをいたわる
美しい心が伝わります。

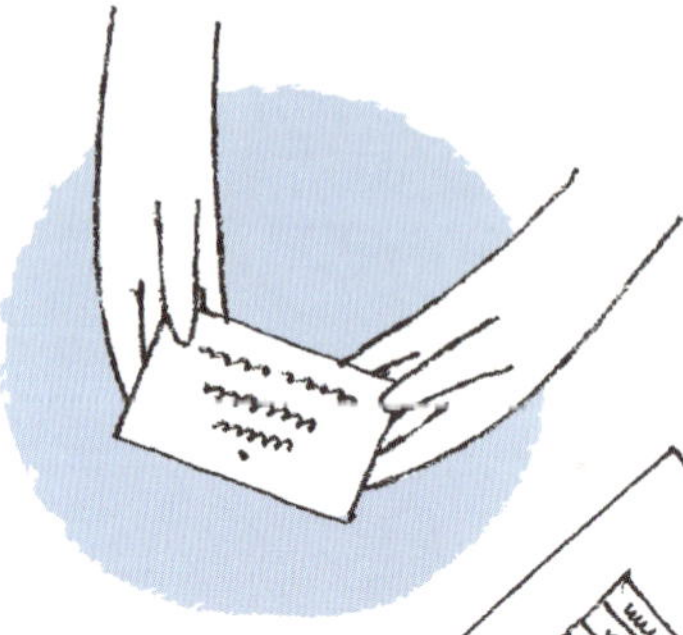

そのときのポイントは、
指先をそろえること。
そして、
動きはなるべくゆっくりと。
あわててバタバタしても
決してよい方向には
進まないもの。
「指先をそろえる」
と胸に刻むと、
すべてのことが
よい方向へ進みます！
ひとつひとつの小さな動作が、
あなたの人生を
美しく変えてくれるのです。

8 魅力的な表情のつくり方

やさしい微笑み

かわいい子犬や子猫が
そこにいると思ってみてください。
自然に微笑みが浮かび、
やさしい気持ちになれるはず！

目の表情

目は心の窓ともいわれ、
女性美＝目の輝きです。
輝きのある目でいるためには、
まっすぐにものを見るのが大切。
それには、絵画や花など、
美しいものをたくさん見ましょう。

視線

視線と顔の向きが
同じことが大切。
見る方向に、
からだも一緒に向けると、
動作が自然で
美しく見えます。
視線は、相手の口もと、
えりもとに。
もうひとつ大切なことは、
目を見て話します。

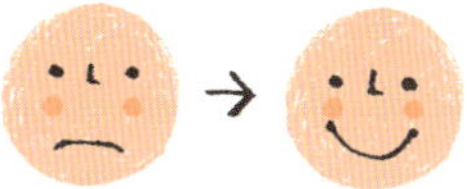

口もとの表情

口もとを閉じ、
口角を上げる。
口角が下がっていると、
老け顔、不満顔になるので
注意して！
もし、口で呼吸する
クセのある人は
すぐ直しましょう。

9 おじぎは心を込めて

「ありがとう」
という感謝の気持ちが、
おじぎという動作に
あらわれます。
「おはようございます」
というあいさつも、
ふだんから
お世話になっている人への
感謝の気持ち、
いたわりの気持ちを
伝える手段。

相手にきちんと思いを
伝えるために大切なのは、
立ち止まっておじぎすること。
歩きながら
頭を下げるのは失礼です。
あわただしい
世のなかだからこそ、
一拍おいて
ゆっくりおじぎする。
その一瞬に
心を込めるチャンスです。

心の込もったおじぎの仕方

相手に一度目を合わせて、立ち止ります。
表情はやさしい微笑みを！
軽く目を閉じて一拍おき、
上半身を折るようにおじぎします。

＊上半身を倒す角度は、
会釈などふだんの
あいさつで
15度くらい。

＊丁寧なおじぎは
30〜45度。

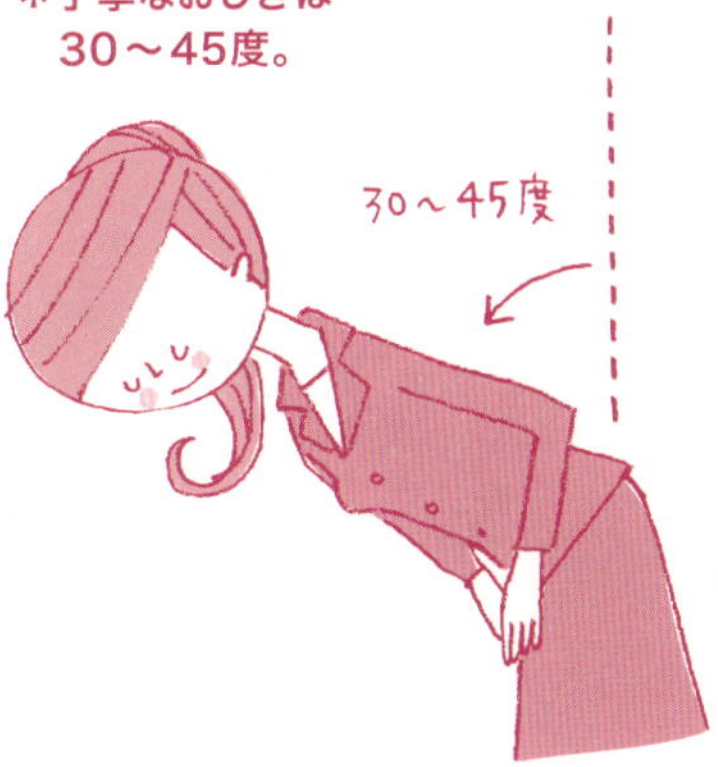

NGのおじぎ

- ✕ 首だけ動かす。
- ✕ 立っている相手に、座ったままする。
- ✕ 何度も頭を下げる。上体が深すぎる。

座礼でのおじぎの仕方

日本人なら、
和室でおじぎすることもしばしば。
背筋を伸ばして正座をしたら、
あごを引きます。
両手は、指先を美しくそろえ、
ひざ頭の前に置きます。
そして背筋を伸ばしたまま、
上体をゆっくり倒します。
もっとも丁寧な座礼は、
畳とひたいのあいだが、
30㎝くらいです。

10 ちょっとしたしぐさが上品さをつくる

指先を美しくそろえ、脇を締めるだけで、
動作がエレガントに見えます。
そして直線的な動きよりも、曲線のほうが優雅！

呼ばれて振り向くときは、首だけまわすのではなく、
からだ全体で振り向く。
ものを拾うときも、手だけを伸ばすのではなく、
背筋を伸ばしたまま静かに腰を下ろす。
全身で流れるような動作をするのが基本です。

ちょっとしたしぐさに、
あなたの本質があらわれます。
ふだんのなにげない動作に、
ほんの少しだけ気を配ってみましょう。
驚くほど上品に生まれ変わります。

**★携帯電話も指先をそろえ、
両手で持つだけで上品に見えます。**

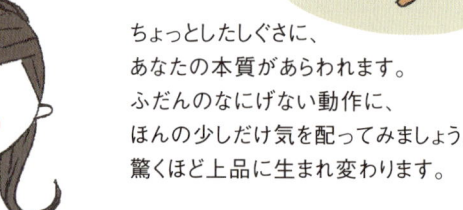

11 あいさつはきちんと自分から

あいさつは、「心を通わす」ためのもの。
会ったときは、会えてうれしい気持ちを込める。
別れるときは、姿勢よくおじぎしてさよならをいう。
はじめと終わりがちゃんとできれば、
会話の中身に品格が生まれます。
「○○さん、こんにちは」と名前をつけると、
さらに好感度がアップします。

○○さん
こんにちは

あいさつの基本は
いつでもだれにでも自分から！

1 どんなに忙しくても手を止めて。
2 だれに対しても同じ態度で。
3 自分から先にいう。

おはようございます
NG
あいさつに注意！
× 目上の人に「ごくろうさま」。
× 目を見ないでいうあいさつ。
× 別れのあいさつを相手より先にいう。

12 美人は話し方も美しい！

1
声のトーンは低め

甲高い声よりも、
低めの声のほうが
落ち着いた
おとなの印象です。

2
音量はおさえめ

話に引き込むコツは、
話したい相手にだけ
聞こえる
おさえた音量です。

3
早さはゆっくり

1分間に400字程度が、
聞きやすく
伝わりやすくなります。

4
語尾をはっきり

「ですけどぉ～」と伸ばさない。
「思いますが……」と濁さない。
ことばの終わり方が美しいと、
説得力が出ます。

美人の会話のルール

ことばには力があります。
ことばづかいがいい加減な女性は、
どんなにいい服を着ていても、
どんなに美人でも、
魅力的に見えません。

他人の悪口はいわない、
プライベートに踏み込まない、
自分が話す内容にちゃんと責任をもつ、
といった潔い生き方が
ことばとなってあらわれます。

自分の考えをわかりやすく伝えるのは基本ですが、
それよりも大切なことは、
相手への「思いやり＝想像力」をもつこと。
まわりの空気が和らぐ美人のことばを
自分のなかにたくさんストックしましょう。

13 スマートなおとなの会話のコツ

話すより聞くことを大切に

自分のことばかり話す人より、上手に話を聞く人が魅力的！

タイミングよく相づちを打つ

なるほど！　すごい！　など、「わかってくれている」という安心感を相手に与えます。

話の腰を折らない

「それはつまり……」や「でも、それって……」など、相手の話を邪魔するのはルール違反。

14 敬語をちゃんと使える女性

敬語を使うのは、
自分をよく見せるため？
それでは、
まだまだレベルが低い考えです。
では、なぜ敬語を使うの？
それは、
相手の存在を
尊重するためです。
自分は控えめにして、
相手を敬うという美しい心が、
あなた自身を美しく
輝かせるのです。

とくに美しいと感じさせるのは、
親しい人と話しているときにでも、
ことばづかいが丁寧な女性です。
目上の人に対してだけではなく、
公の場では敬語を使い分けましょう。

きょう	---->	ほんじつ
あした	---->	みょうにち
どこ	---->	どちら
だれ	---->	どなた
わかりました	---->	承知いたしました
ある	---->	ございます
いい？	---->	よろしいでしょうか？
どうする？	---->	いかがなさいますか？

15 ポジティブなことばは美しい！

美人は運を味方にするパワーがあります。
「だって」「でも」といういい訳は、マイナスのパワーで運気を下げます。
「どうせ」というグチは、どんな美人もブスに見えてしまう……。

ことば＝あなた自身そのものです。
美しいことばを使えば、それだけで美人に生まれ変われる！
ポジティブなことばを使えば、どんなときでも幸運がやってくる！

だれかを批判することばを使わない。
トゲのあることばには反応しない。
ネガティブなことばにかかわらない女性が、
会話美人になれるのです。

16 人前では堂々と話そう

結婚式や会社の忘年会など、
人前で堂々と話す女性はとっても美しい！

どんな会話がふさわしい？

目的と立場をわきまえて、
テーマを設定しましょう。

Point!

はじめに、
これから話す
テーマにふれると
聞くほうもスムーズ！

＊はじめ
きちんとおじぎをし、
自分の名前、立場を話す。

＊視線
遠くの人に話しかける
気持ちで。

＊終わり
おじぎをし、一度背筋を伸ばして、
会場にまっすぐ視線を向ける。
あわてずゆっくりと席に戻る。

＊時間
だらだら長いのはNG。
目安は3分です。

17 電話は細やかな心づかいを

電話は、姿が見えない声だけの世界。
だからこそ、相手の状況や気持ちを深く思いやる
やさしい心づかいが大切です。

電話だからこそ、声に心を込める

キーボードを打ちながらなどのながら電話や元気のない暗い顔で話すのは、こちらの様子がそのまま電話にも出てしまうもの。背筋を伸ばして笑顔で応対すると、その心が必ず相手に伝わります。

切り方で差が出る!

電話をしたら自分から名のり、「いつもお世話になっております」というあいさつではじめます。用件を話し終えたら、ひと呼吸おき、ゆっくり静かに切る。かけたほうから切るのが基本です。

伝言メモの書き方

「恐れ入りますが」と前置きをし、相手の会社名と名前、連絡先を聞きます。伝言の内容、かかってきた時間と自分の名前をメモ。「またかけます」という電話でもこの伝言メモは必須です。

18 メール&FAXのルール

自分を印象づけるFAX

FAXを送ったあと電話で、「届いておりますでしょうか」という連絡を入れる心配りが大切。本人以外も見ることを考えて、他人に知られてはいけないことは書かないのがマナーです。

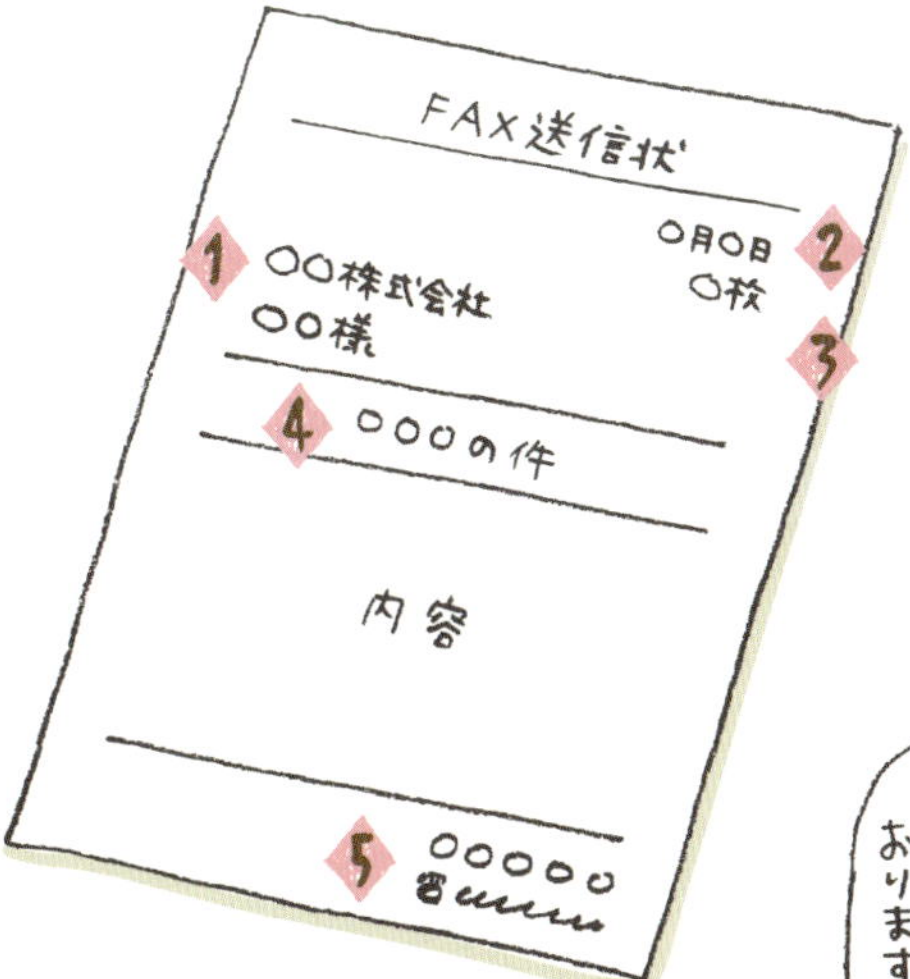

■送信状の例
❶相手の名前、❷送信した日、
❸送信枚数、❹件名、
❺自分の名前と連絡先

正しいメールの送り方

1 はじめて送るメールには、「件名」に名前を入れる。
2 頭語や時候のあいさつは省略し、簡潔に本題を述べる。
3 1行20文字程度を目安に改行し、段落ごとに1行空ける。
4 自分の名前、連絡先を入れる。

19 手紙で女性らしさを出す

頭語と結語

「拝啓」「前略」が基本ですが、
より女性らしいあたたかみある表現は、
「一筆申し上げます」。
頭語は省いてもOKですが、
結語に「かしこ」は必ず入れましょう。

季節感あふれる内容

日本には美しい四季があります。
「急に寒さが増してきました」
のような時候のあいさつではじまり、
終わりに、健康を気づかうことば、
「時節柄、おからだご自愛ください」
を加えると、
より印象的な手紙になります。

手紙は必ず手書き？

お礼状、お詫び状でも、
字に自信がない人は
パソコンでも
失礼ではありません。
ただし、署名だけは、
丁寧に心を込めて
手書きにしましょう。
たまには、
インクとペンでお便りして、
書の雰囲気を楽しんでみて。

20 訪問先で美しさを演出する名刺交換

出会いは、名刺を交換することからはじまります。

交換するときに美しさを演出することばを紹介しましょう。

渡すとき

「わたくし、○○株式会社の○○と申します」

といったあとにひと言、

「本日はお忙しいところお時間をいただき、
ありがとうございます」

という感謝の気持ちを伝えましょう。

受け取るとき

「頂戴いたします」と相手の目を見て両手で受け取り、
そのあと「○○様ですね」と
相手の名前を声に出していってみましょう。
あなたの声が相手の心に響きます。

名刺交換の5つのルール

1. 訪問した側から、先に渡す
2. 目下の人から先に差し出す
3. 必ず立ち上がる
4. テーブルがあればまわり込む
5. いただいた名刺は、すぐにしまわない

21 イメージアップの来客の迎え方

会社、肩書き、年齢を問わず、
どんな来客に対しても、
同じように対応することが大切です。
そして求められるのが、
明るさと丁寧さ。
わざわざ時間を割いて
訪問してきたお客様を
心から気づかった笑顔で
出迎えましょう。

迎えるときは、
お客様のほうへ
必ずからだ全体を向けます。
そして相手の目をしっかり見ます。
そして、
「いらっしゃいませ。
お待ちいたしておりました」
といい終えてから、
丁寧に頭を下げます。
あなたの美しい応対で、
会社全体のイメージがアップします。

担当者へ取り次ぐ前の注意点

お客様の会社名、名前、用件、
アポイントの有無を確認。
アポなしで見えたお客様を
すぐに取り次ぐのは、
トラブルのもとになるので注意。

22 上手なお茶の出し方

お茶出しの5つの基本

美しい作法は、
お客様を受け入れる
「心の美しさ」をあらわします。

1 お客様の右側から出す。
2 お茶菓子はお茶より先に左側へ。
3 30分を目安に新しいお茶を。
4 おかわりで種類を変える心づかい。
5 出す順番は役職の上の人のほうから。

器によって出し方が違う

絵柄のある茶碗は、
絵柄がお客様に
見えるように置きます。
コーヒーを出すときは、
お客様から見て、取っ手が左側。
スプーンはカップの手前に置き、
スプーンの持ち手は
右側にくるように置きましょう。

出すタイミング

お客様と担当者の
名刺交換が終わり、
打ち合わせがはじまる頃に
出すとよいでしょう。
担当者がくるまで
時間がかかるときは、
先に出します。

23 心づかいのある依頼と断り方

だれかに仕事をお願いするのは、
相手のもつ技術・才能を認め、
心から相手を尊重する気持ちが
大切です。
「恐れ入りますが、
～していただきたいのですが、
いかがでしょうか？」
とその仕事を
受けてもらえるかどうか、
相手の都合を
確認することからはじめます。

もしあなたが仕事を断るときも、
「大変申し訳ないのですが～」と、
前置きしてから、
受けられない理由を伝えます。

残業を断るときなどは、
「明日朝いちばんの作業で
いかがでしょうか？」
という提案をすれば、
あなたの意欲も伝わるでしょう。

24 おごるとき、おごられるときも美しく

おごるとき

最後の支払いがスマートだと、一緒に過ごした時間がよりいっそう楽しいものになります。

会計は、相手のいないところで支払うのがマナーです。

接待のとき

目立たないように、早めに席を立って会計を済ませましょう。

おごられるとき

遠慮しすぎるよりも、うれしい気持ちを素直に表現し、おいしそうな顔でいただくのがおごる相手への最高のお返しです。

会計のときは、レジをさりげなく離れるのがマナー。

お礼はできれば3回いいましょう。

お店を出るとき、別れぎわ、できれば翌日も！

25 食事の席ではスマートなふるまいで

季節を感じ、五感を使って
心とからだを開放して楽しむ。
それが食事のもつすばらしさです。
楽しい食事は、
なにより
人生を豊かにしてくれます。
一緒にごはんを楽しめる人となら、
きっと食事以外も
相性がいいに違いありません。
食事は人と人との絆を、
より深く強くしてくれる
最高のツールなのです。
マナーは、
堅苦しく考える必要はありません。
〝同席者が不愉快になる行動って
なんだろう？〟
と自分に問いかけてみれば、
答えは簡単です。
音を立てない、
食べものを口に入れたまま
話さない……など、
当たり前のことを
当たり前にすればいいのです。

お店に着いたら

コート類や大きな荷物はお店に預けます。
席に着くときは基本的に、
男性より女性が先、
上司や目上の人が先です。

知っておきたい5つのマナー

1　ナプキンは、目上の人が取ってから。
2　お店のスタッフを呼ぶときは、
「すみません」とことばでいうよりも
「お願いします」と目で合図する。
3　お料理はすぐにいただく。
料理人へのあたたかい心づかいです。
4　食べるペースは同席者に合わせる。
5　食事中は、席を立たない。

26 お箸は上手に美しく

お箸の歴史は奈良時代にはじまります。
お箸には魂が宿るともいわれる神聖な道具でした。
美しい持ち方をする女性は、家族に愛されて育った
美しい心が宿るように感じられるものです。

お箸のとり方

美しく指先をそろえ、ゆっくりとした動作で。
置くときは逆の順番です。

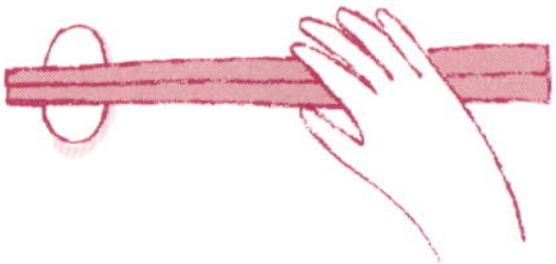

1 お箸の真ん中を
上から右手で取る

2 左手を下から添える

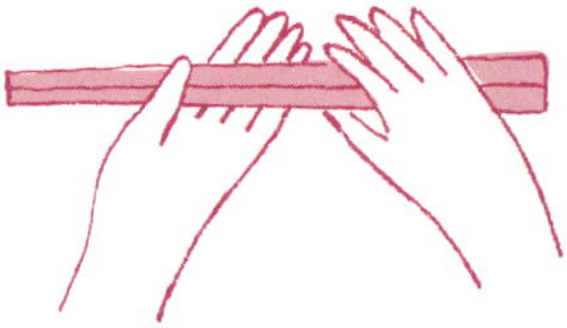

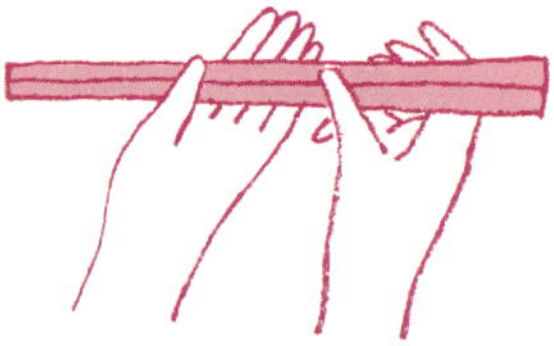

3 右手を返して
正しく持つ

優雅に見える左手の使い方

左手を常に意識し、
そっと指先を器に添えると美しい。
手皿にして口もとまで運ぶのは、
丁寧に見えてじつは無作法です。

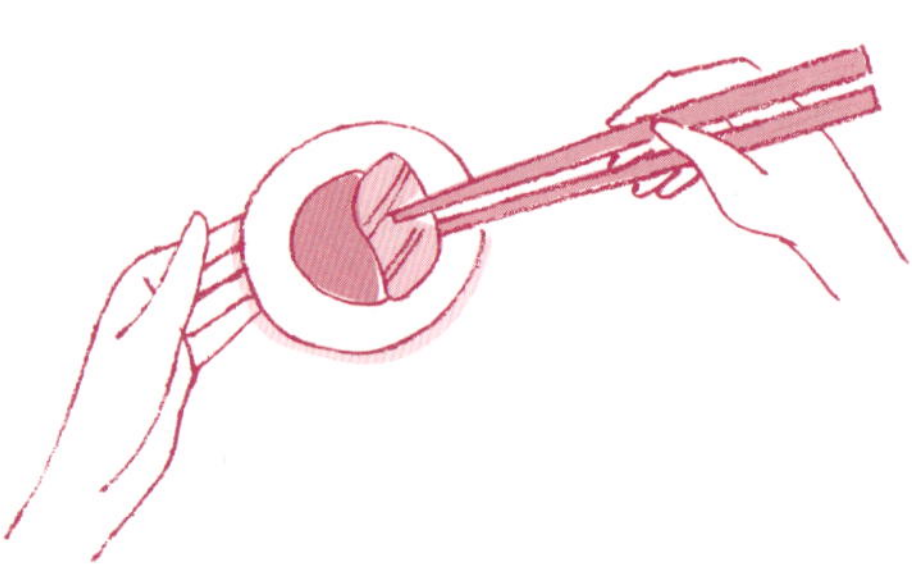

27 和食をいただく

季節感あふれる旬の食材。
美しく盛りつけられた料理。器の美。和の空間。
料理と器の組み合わせ、バランス。
そして、お造りなどの職人ワザ。
日本の美が結集されたのが和食です。

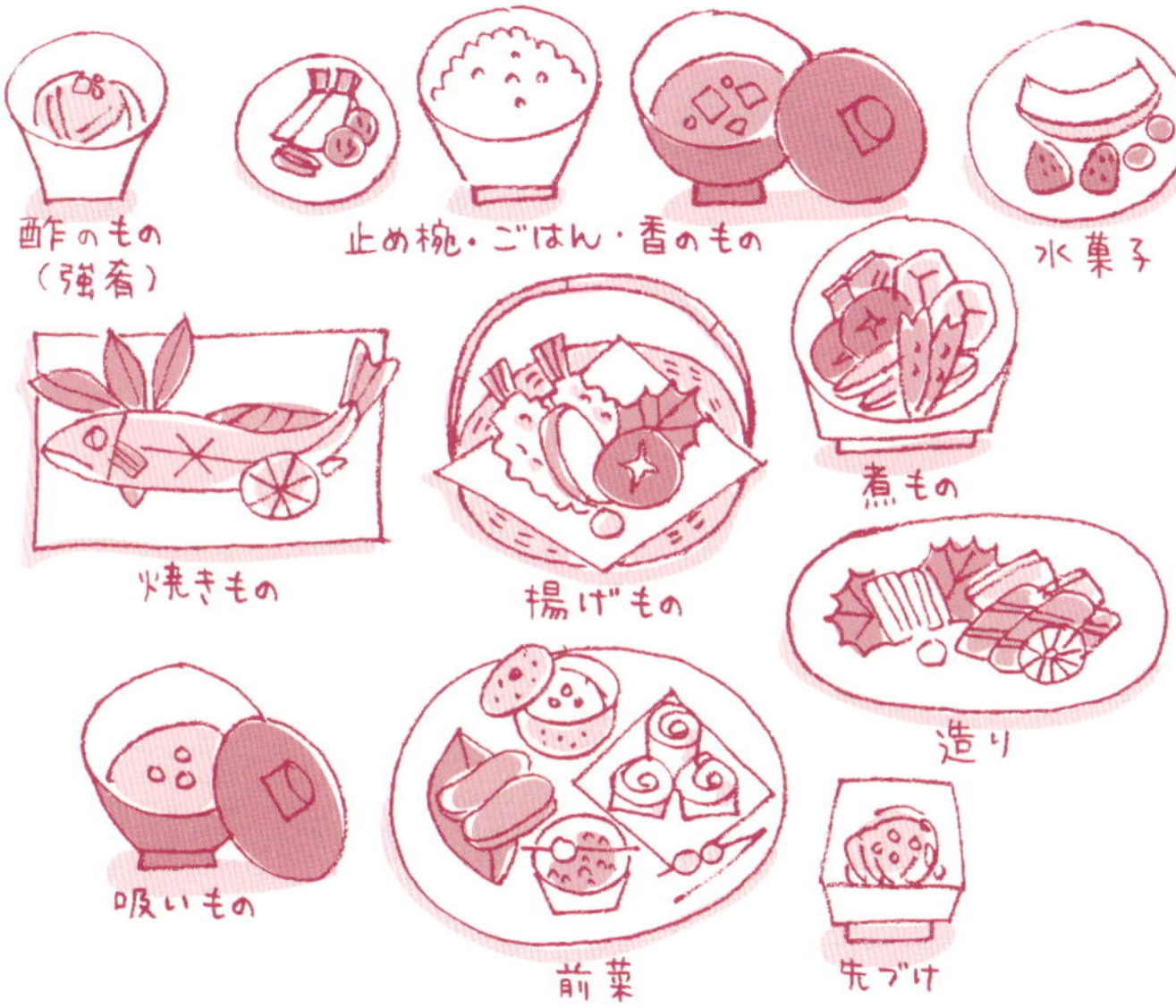

和食とは？

冠婚葬祭やあらたまった宴席で、日本料理として出されるのは一般的に「会席料理」です。先づけにはじまり、煮もの、焼きもの、揚げもの、ごはん、水菓子……と、さまざまな調理法を使い分けて、素材の味をお酒とともに楽しみます。

和食器の扱い方

お箸を持っていたら、いったん置き、両手を添えて大切に扱います。手のひらより小さい器は、持ち上げてもいい器です。食べ終わったあと、器を重ねるのは禁物です。

28 お寿司をいただく

世界的にも「SUSHI」として人気の高いお寿司。
にぎり、軍艦巻き、のり巻き、ちらし、
魚も白身、赤身、光りものなど、驚くほど種類はたくさん。
漬ける、あぶる、煮るなどの職人の美しいワザも楽しみましょう。

注文の仕方は3パターン

「お決まり」は、値段もわかりやすくはじめて行くお店向きです。

「おまかせ」は、職人がその日の旬をバランスよく組み立ててくれます。はじめに予算を伝えておくと安心。

「お好み」は、自分が食べたいものを好きな順番でいただくものです。

食べ方の3つの基本

1　出されたらすぐいただく
2　しょうゆはネタに少しだけつける
3　1カンをひと口で食べる

29 洋食をいただく

西洋料理といえば、フレンチ、イタリアンが代表的。
料理の構成はほとんど変わりません。

コース料理

はじめて訪れるレストランでは、そのお店自慢の品々がセットされ、値段もアラカルトより手頃なのでおすすめです。

料理を交換したいとき

自分でお皿を動かすのはNG。交換したいときは、同席者と違うものを頼み、「シェアしたい」とお店にいえば、取り分けて用意してくれます。

テーブルクロスは汚してもOK!?

西洋料理では、テーブルもお皿の一部と考えます。パンくずが落ちても、ソースがはねてもあわてないで。

30 中華料理をいただく

素材の味を生かした淡白な味わいの「広東料理」（酢豚、飲茶など）。
香辛料がピリッときいた「四川料理」（麻婆豆腐、エビチリなど）。
明・清時代の宮廷料理がベースの「北京料理」（青椒肉絲、餃子など）。
魚介類を中心とした「上海料理」（上海ガニ、小龍包など）。
みんなで円卓を囲み、にぎやかに楽しめる食事です。

円卓での食べ方4つの基本

1　ひとつの小皿にひとつの料理。
2　食べる分だけ自分で取る。
3　大皿は持ち上げない。
4　中央のターンテーブルは
　時計まわり。

＊円卓の次席は、出入り口から遠い席が上座、以降は番号順になる。

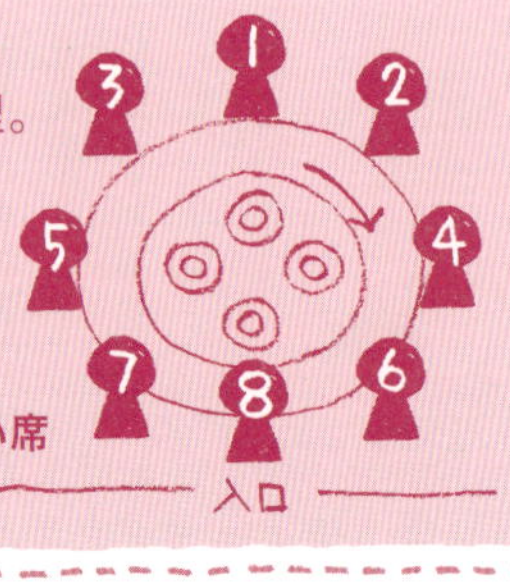

31 肉と魚介類のきれいな食べ方

焼き魚の食べ方

頭のほうからひと口ずつ、
ほぐしながらいただきます。
真ん中から食べたり、
魚をひっくり返すのはNG！

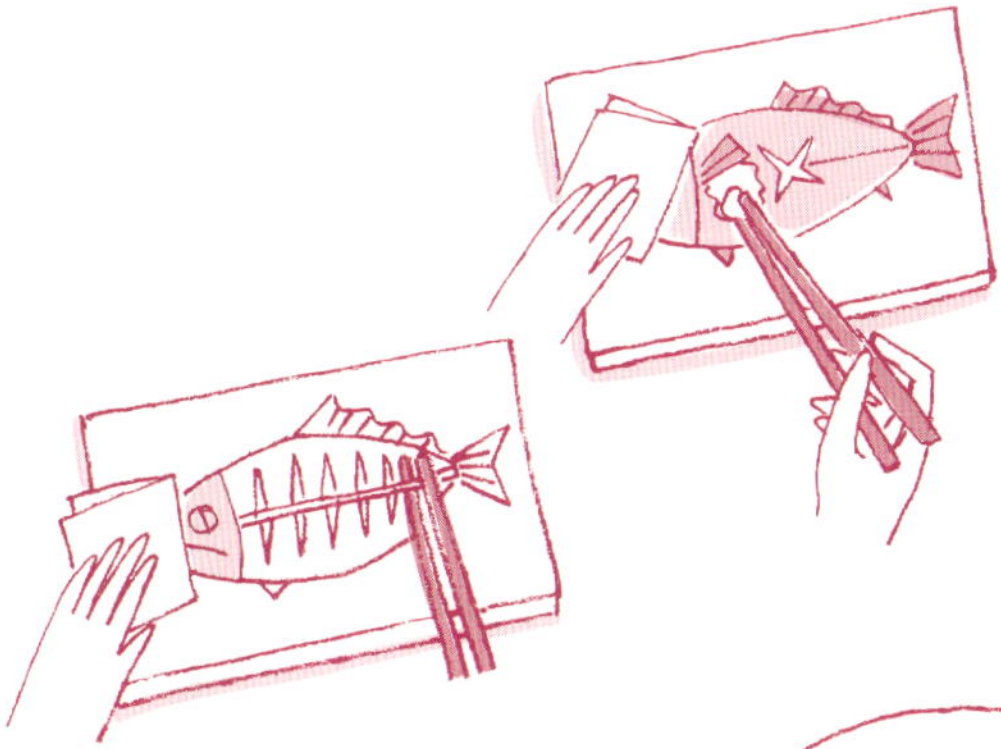

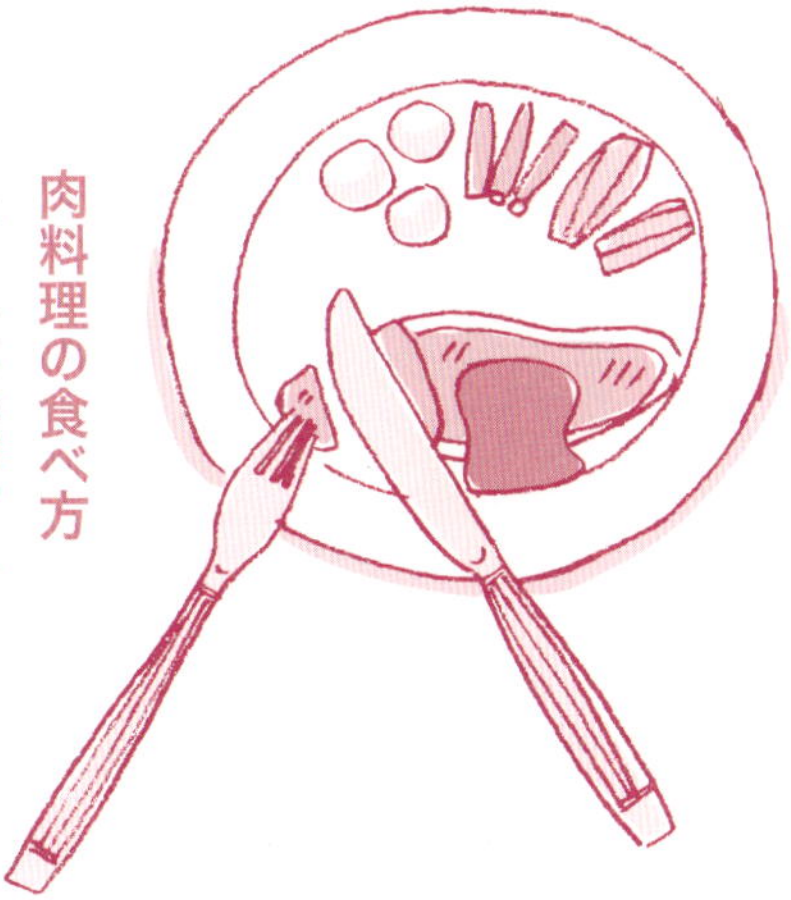

肉料理の食べ方

ステーキは左端から、
ひと口大に切って
いただきます。
最初に
全部切り分けるのはNG。
骨つきの場合は
手でつかまず、
骨に沿って
ナイフを入れます。

手でつかんでOK!?

日本料理では、
魚に直接ふれず、
懐紙を使います。
西洋料理では、
フィンガーボウルがあれば、
手でいただいても大丈夫です。

32 お酒を上手に飲むために

アルコールが入ると、気持ちがゆるんで、その人の本質があらわれるものです。
お酒は、おとなだけが楽しめるおとなのための飲みもの。
エレガントに、そして優雅に、
会話を楽しみ、お酒そのものの味も楽しめるのが、おとなの女性です。

飲める量を知る

お酒に未熟だと、自分がどれくらいで酔うかわからないものです。
少しずつ焦らずに、経験を積んでいきましょう。

●ビールのつぎ足し厳禁

せっかくの味わいが台なしに！
でも、相手の様子を見て、
お酌が必要かしら？
と感じたらおつぎするのも、
おとなの女性のたしなみです。

●ワインを注ぐのは男性の仕事

女性はボトルを持って、
お酌する必要はありません。

33 パーティをもっと楽しむために

「人との出会い」を心から楽しみ、
自分の「世界を広げる」よろこびを感じる。
それがパーティの魅力です。
パーティをもっと楽しむ秘訣は、
はじまりの名刺交換。
くもりのないまっすぐな心で相手を受け入れ、
自分の真心を名刺に込めて渡します。
お互いの世界観を交換し合えれば、
パーティは成功です。

イスは
独占しない

年配の方を気づかう女性が、
パーティでも輝いている女性。

お皿とドリンクを
持つ

立食では、
シャンパンやワインの
グラスはステムを持ち、
ビールグラスは
ナプキンに包む。
お皿とグラスを片手で。
持ちにくいときは、
無理をせず両手で持つ。

34 ワインとチーズを楽しむ

時間を濃密にし、
心を豊潤にするワイン。
おとなの女性は、
ワインの魅力をよく知っています。
たくさんの知識があるというより、
ワインを自分の人生に
センスよく取り入れているのです。

フランスでは、
チーズとワインの
すばらしい組み合わせを
マリアージュ（結婚）と
表現します。
人生を豊かにして、
自分を高めるパートナーとして、
ワインとチーズを楽しみましょう。

今晩は赤ワイン

帰宅したら、
すぐに栓を抜いておく！
夕食が整う頃には
渋みが和らぎ、
すばらしい香りが
広がります。

知っていると美しい！チーズとワインの基本の相性

ヴァランセやクロタンなどのシェーブルタイプ
辛口でフルーティな白・赤。

カマンベールやブリーなどの白カビタイプ
ライトボディの赤、辛口の白、熟度のあるものには、フルーティな赤。

ゴルゴンゾーラ、ロックフォール、スチルトンなどの青カビタイプ
フルボディの赤、甘口の白。

リヴァロやマンステルなどのウォッシュタイプ
フルボディの赤。

エメンタール、コンテ、ボフォールなどのハードタイプ
辛口の白、フルボディの赤。

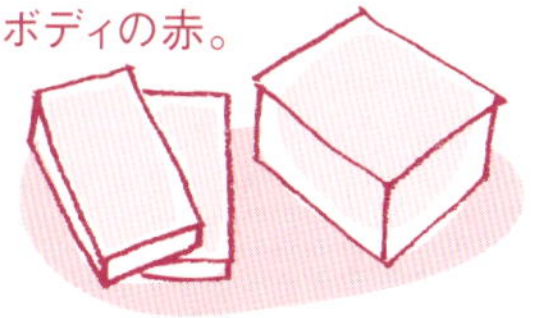

モッツァレラやマスカルポーネなどのプレーンなフレッシュタイプ
辛口でフルーティな白。

自分だけのお気に入りを

ワインの知識に詳しくなるより、自分の「好み」を見つけましょう。赤なら、軽い味わいのライトボディか、渋みのあるフルボディか。料理とのマッチングを心がけて、おいしさを味わいましょう。

35 知っておきたい料理法のことば

レストランでメニューを開いたとき、
「?」という知らないことばがたくさんあると不安……。
ちょっとしたことばを知るだけで、ぐんと食事も楽しくなります！

パスタソースのことば

ソースがわかれば困らない。
たとえばトマトベースでは、
玉ねぎだけの基本ソースは
「ポモドーロ」。
パンチェッタ（またはベーコン）は
「アマトリチャーナ」。
オリーブ・アンチョビ入りは
「プッタネスカ」。
ひき肉入りは「ボロネーゼ」。

肉の焼き加減

フィレ肉のステーキは焼き具合で、
味わいもまったく別ものです。

★レア　肉そのものの味を楽しみたい！
★ミディアム　なかはジューシー、表面はこんがり！
★ウエルダン　なかまでしっかり焼いたのが好き！

牛肉のおいしさの特徴

フィレ・・・・・・脂肪が少なく、あっさり
はらみ・・・・・脂肪が多く、こってり
サーロイン・・・ステーキに○
肩ロース・・・・しゃぶしゃぶ、すき焼きに○
テール・・・・・コラーゲンたっぷり。煮込みに○

36 街なかでのルール

公共の場所ではたくさんの人々が行き交っています。
急いでいる人、ゆっくり歩いている人、
子ども連れの人……などさまざま。
でも、あなたが急いでいるときほど、
他人の事情を想像する心のゆとりをもちましょう。
ゆっくり歩いている人にイライラしてはいけません。
もしかして、杖をついた人や妊婦さんが、
いるかもしれないのですから。
公共の場こそ、他人を思いやる気持ちが大切です。

●エスカレーター
道をふさがないように、
急いでいる人のために、
スペースを確保。

●電車
開くドアの前では、降りる人が先。
満員電車から降りるときは、
「降ります」のひと言。
新幹線でシートを倒すときも、
後ろの人に
「よろしいですか」
のひと言を。

●化粧室
次の人が気持ちよく使える配慮を。
使い切ったら新しいペーパーを。
洋式トイレのフタは閉める。
使った洗面台を拭く……など。

37 観劇のマナー

夢のような世界に心を酔わせてくれる、
歌舞伎、オペラ、クラシックコンサートなど。
劇場は、その夢のような時間と空間を
みんなで楽しく共有する場です。

劇場での5つのマナー

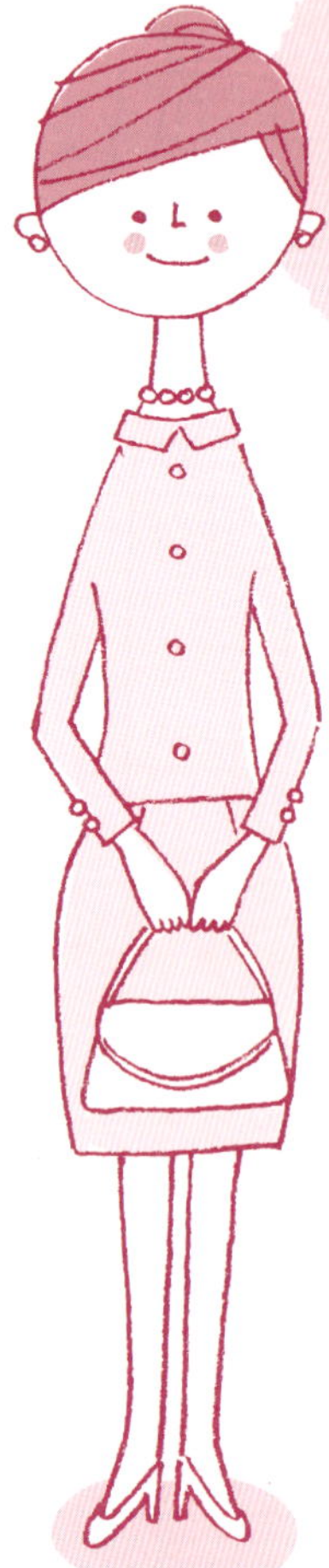

ふさわしい装い
プレーヤーへの敬意をあらわし、ふだん着よりもフォーマルに。

遅刻・途中退席しない
遅れたときは係員の案内にしたがう。退席は幕の間に。

携帯電話の電源を切る
騒音は迷惑。おしゃべりやバッグのごそごそも×。

会場内で批評しない
感動を口にするのはいいのですが、辛口の批評は×。

拍手のタイミング
周囲と一緒に。感動の拍手は早すぎても失礼。

38 乗りもののマナー

乗りもののなかは自分の部屋ではありません。
だれもが一緒に過ごす公共の場です。
タクシー、バス、電車……など、
他人に不快感を与えないルールを守りましょう。

化粧直しはしない

本人は気にしていなくても、まわりの人はとても不快です。それは化粧直しをしている顔が、まったく美しくないからです。

シルバーシートに座らない

若い健康な女性が、平気な顔でシルバーシートに座っている姿。それは、とても醜い姿です。

なるべく寝ない

口もとがゆるみ、大股開きになって、だらしない姿になるので注意。

美しい足もと

電車に座っていると、足もとが想像以上に目立つもの。汚れた靴、ケアしていないひざはNG。通行の邪魔になる組み足は、もっとNGです。

39 旅先でのマナー 国内編

日常とはまったく違う空間で、心もからだもリラックス。
宿泊先でのマナーを知っていると、
よりいっそう開放感を味わえます。

●旅館での正しいふるまい

部屋

床の間は、生け花などを飾る
神聖な場所。
荷物など置かないよう注意。

服装

温泉館内ではゆかた姿でOK。
えりもとをきちんと合わせ、
足が出すぎない美しい着こなしを。

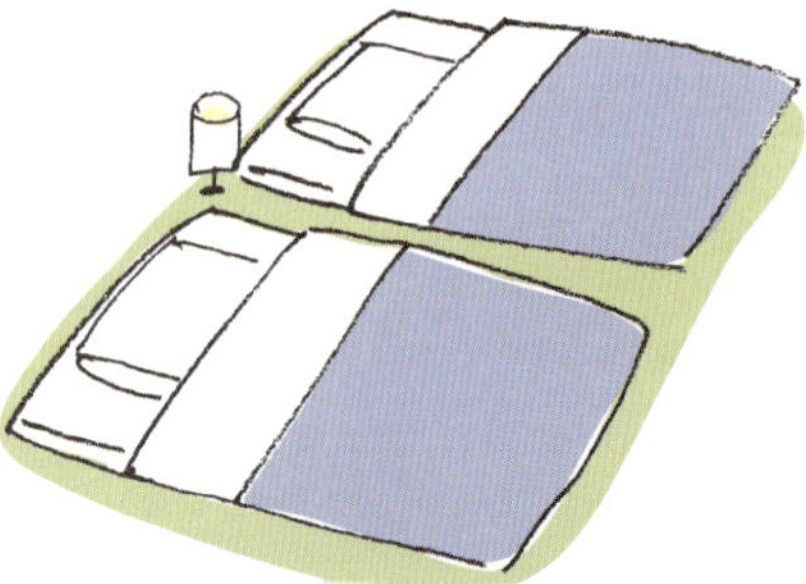

ふとんはどうする?

係の人が片づけてくれるので、
そのままでOK。
ただし、
掛けぶとんなどが乱れていたら、
少しは直しておきましょう。

●ホテルでの正しいふるまい

なにか頼むときは？

荷物の運搬、クリーニング、ルームサービスなど、それぞれ担当の窓口があります。迷ったらすべてフロントでOK。レストランを予約したいときなどは、コンシェルジュが便利！

部屋

バスタブでシャワーを使うときは、
シャワーカーテンを浴槽の内側に。
バスマットは浴槽の外へ。

服装

部屋から1歩出たら、外と同じ。
スリッパ、バスローブ姿はNG。

●心づけを渡す

心づけは、あくまでも気持ちです。お部屋に案内されたり、「お世話になる」という思いで、1000円くらいを目安に渡します。むき出しは避け、ぽち袋に。ただし、宿泊料金にサービス料が含まれている場合には、渡さなくてもOKです。

旅館でもホテルでも共通するマナー

1　到着が遅れるときは電話を
2　深夜・早朝は静かにする
3　備品を持ち帰らない

40 旅先でのマナー　外国編

寺院や教会などは、タンクトップやミニスカートが禁止のところも。
写真撮影が禁止の場所もあります。
訪問する国への敬意をあらわし、
宗教観、生活習慣など事前にきちんと勉強しておきましょう。

ことば＆コミュニケーション

旅先の言語をスラスラ使えなくても、
「こんにちは」と「ありがとう」くらいは
覚えておきましょう。
あとはコミュニケーションを
取れば大丈夫。
ことばが通じなくても、笑顔でいえば
相手に気持ちが伝わるものです。

お札・コイン

タクシーで、カフェで、
チップの支払いで……。
お金の種類を知っておくと、
あわてずに済みます。

トイレ

海外では、日本のようにどこにでも
トイレがあるわけではありません。
デパートやお店でも
トイレがないところがあるので、
行けるときに済ませておきましょう。

Part 2

暮らしのなかでも知的に美しく

41 自炊のすすめ

外食やコンビニ弁当は飽きてきたし、不経済。
それに最近ちょっと太り気味、という人におすすめなのが自炊。
食材選びから調理、保存まで自分でやると、
こんなにいいことが……。

自炊をすると、こんなにハッピー!

自分好みの味にできるのでおいしい!

食べる量だけつくったり、盛りつけたりできて無駄がない!

食材の選び方しだいで、こだわり料理も、安上がりの料理も自在!

料理の内容も、トッピング、つけ合わせなどもチョイスが自由!

食品添加物などが避けられ、安全で自分の健康に合わせた食事が可能!

シンプルに自炊を楽しむコツ

たとえばポトフなど、つくり置きして、必要に応じてアレンジを。

カット野菜、バラ売り野菜を上手に利用するのもおすすめ。

また、地方や海外の特別な調味料やスパイス、食材などにこだわって、凝った料理に挑戦してみるのも楽しいもの。

42 食材保存は賢く上手に

冷蔵庫ならなんでもOK!?

なんでもかんでも、とりあえず冷蔵庫……、というのは間違い。低温でかえって傷みやすい食品もあるのでご用心!

食品の最適保存場所

常温保存のものは、冷暗場所で保存を。温度や湿度が低く一定に保たれて、日光の当たらない、風通しのよいところがベスト。

●冷蔵庫に入れない(常温保存)

バナナ、じゃがいも、ごぼう、かぼちゃ、さつまいも、玉ねぎ、粉類、調味料、油、缶詰やビン詰(未開栓)など

野菜の鮮度を保つアイデア

野菜の保存は、乾燥対策をしっかりと。ひと手間かけておくだけで、鮮度はぐんと長もち。

- キャベツは芯をくり抜き、湿ったペーパータオルを詰めて。
- じゃがいもはりんごと一緒に。
- 葉ものは湿らせた新聞紙に包んで、大根は葉をカットして立てて保存。
- レタスは茎に小麦粉をすり込み、ペーパータオルにくるんで。

43 頼れる便利な保存食

あると便利な乾物

保存がきく
パスタやうどん、
そばなどの乾麺は、
たっぷりのお湯でゆでればＯＫ。
あり合わせの食材を加えれば、
それだけで１食分の
食事ができて便利！

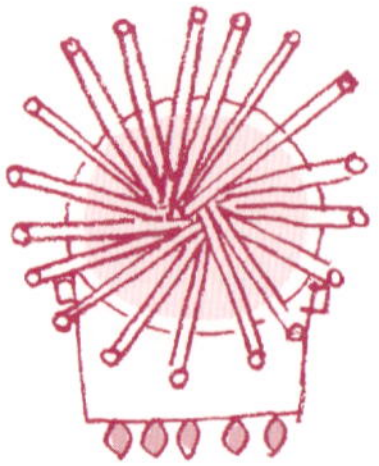

うどん・そば
たっぷりのお湯で、
ふきこぼれそうになったら
さし水を。
ゆで上がったら、
素早く流水にさらして
軽くもんで。

パスタ
たっぷりのお湯に
塩を加えて、
放射状に広げ入れるのが○。
芯がほんの少し残る
“アルデンテ”に。

あると便利な缶詰

そのまま
おかずになる缶詰も
いいけれど、
素材の缶詰を
いくつか置いておけば、
いろいろな料理に使えて
とっても便利！
買いものに
行けなかったときでも
食事に困りません。

ツナ缶→サラダ、オムレツ、
グラタンなど

コーン缶→
サラダ、スープ、
料理のつけ合わせ
など

トマト水煮缶→
パスタのソース、スープ、
煮込みなど

アサリ缶→オムレツ、パスタ、
クラムチャウダーなど

**★そのほか、
いわし缶やほたての水煮缶、アンチョビ、
オリーブ、ピクルスなどもおすすめ！**

44 調味料は「さしすせそ」から自分流へ

「さしすせそ」って？

煮ものの味つけは、
「さしすせそ」の順で……、といわれます。
〝さ〟は砂糖、〝し〟は塩、〝す〟は酢、
〝せ〟はしょうゆ、〝そ〟はみそのことで、
調味料の基本。
さまざまな料理に使うので、
良質のおいしいものを
そろえておきたいもの。

★塩は素材の水分を引き出してかたくする。
砂糖より先に入れると、甘みが染み込みにくい。
★みそは加熱すると風味が損なわれるので、
仕上げに。

お酒とみりんの使い分け

それぞれの特徴を知って、
上手に使い分けを。
お酒は魚などの臭みを取って
風味をよくし、
みりんは加熱することで
風味、照りを出します。

基本＋自分流のこだわりを

基本の調味料をうまく
使いこなせるようになったら、
少しずつ
調味料の種類をプラス。
料理のバリエーションも
ぐんと広がります。
一味や七味、コショウ、山椒、豆板醤、
黒酢、オイスターソース、チリソース、
スパイスいろいろ、ハーブいろいろ……、
こだわりの味で自分流を。

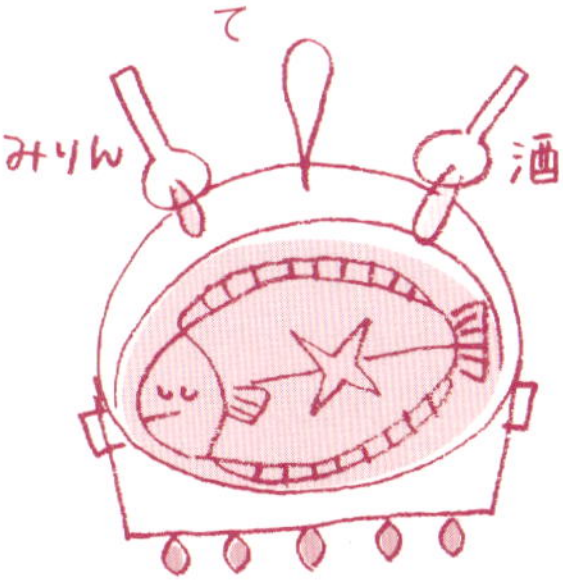

★煮魚は、
お酒で臭みを取ってから、
みりんでツヤよく仕上げる。

45 切り方をマスターして腕磨き

素材や料理によって、切り方はいろいろ。
正しい切り方ができれば、味も食感も見た目も◎、
料理の仕上がりが違います！

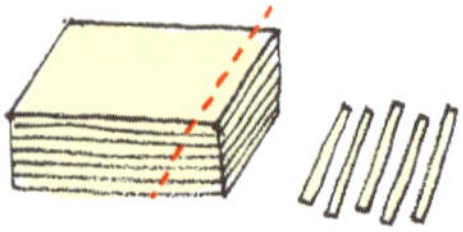

●せん切り
キャベツは数枚重ねて。
にんじんなどは薄切りにして。

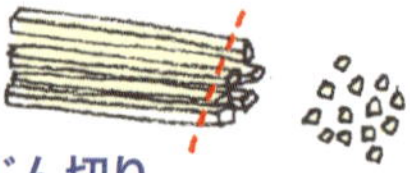

●みじん切り
玉ねぎは縦半分に切り、
切り口を下にして包丁を
横→縦に入れ、端から細かく刻んで。

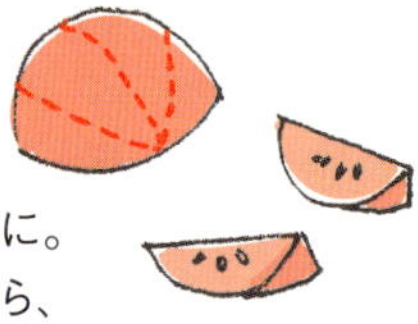

●くし形切り
丸いものを放射状に。
縦半分に切ってから、
芯を中心に3〜6等分に。

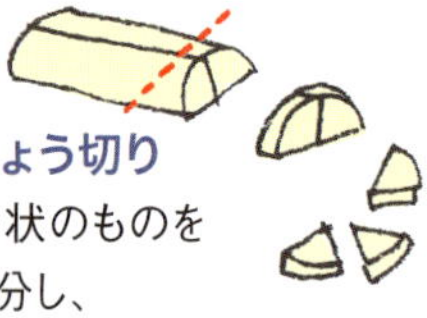

●いちょう切り
丸い棒状のものを
縦4等分し、
端から薄く切る。

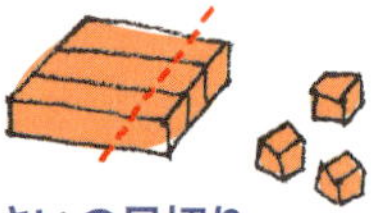

●さいの目切り
1cmの角切り。四角いものを1cmの
厚さに切り、1cm幅に切ってから、
1cmの長さに。

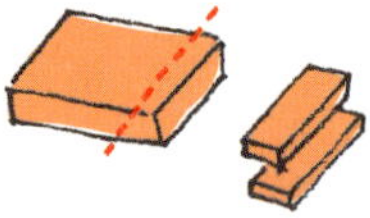

●短冊切り
短冊のような
薄い長方形。
四角いものを
厚さ1cmに切り、
薄切りに。

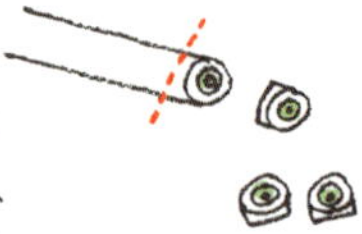

●小口切り
細長いものを
端から切って、
薄い輪切りに。

●斜め切り
ねぎなど
丸く細長いものを、
一定の厚さで斜めに切る。

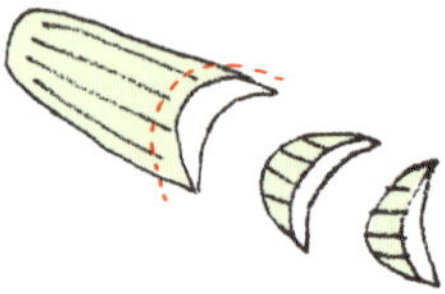

●そぎ切り
白菜の芯、肉や魚など厚みのあるものに
包丁を寝かせて入れ、薄くそぐ。

46 ごはんのバリエを楽しむ

とにかくごはんを炊こう！

ひとり分なんてもったいない、
おかずをつくるのが面倒……などという前に、
まずはふっくらごはんを炊いてみて。
おにぎりにしてもおいしいし、
おかずはなんでも合うのがごはんのよさ。
多めに炊いて冷凍にしておけば、
チンするだけで
いつでも炊きたてごはんが味わえます。

★冷凍のコツ
炊いたごはんを１食分ずつ小分けし、
なかに空気が入らないようラップに包む。

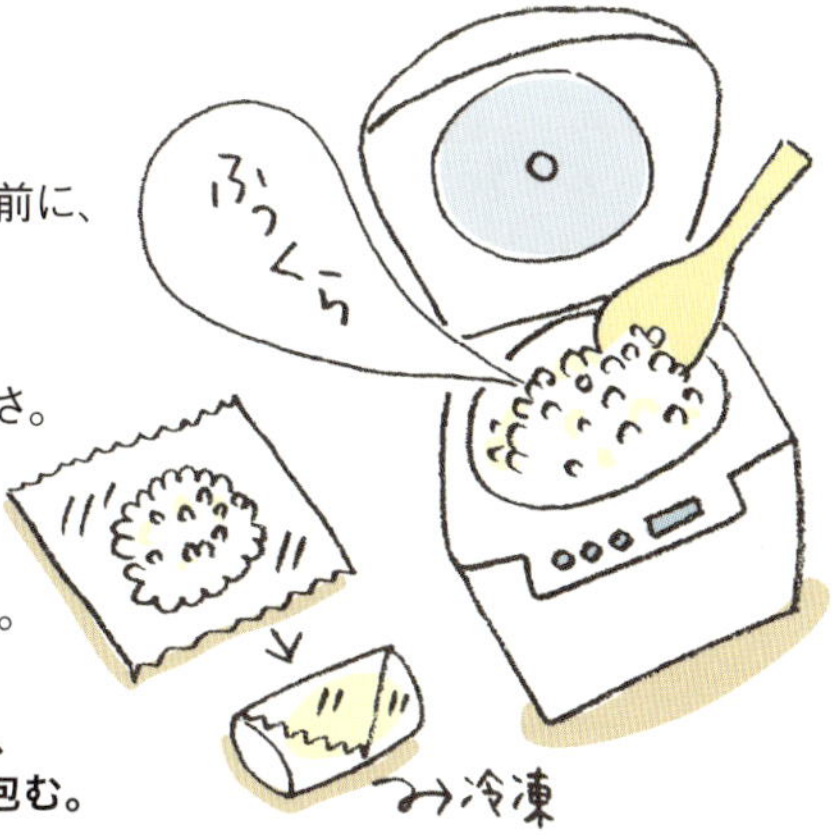

こんなにあるごはんのバリエーション

健康ごはん

玄米ごはん、黒米ごはん
五穀・十穀ごはんなど

炊き込みごはん

たけのこごはん、きのこごはん、
五目ごはん、あさりごはんなど

混ぜごはん

梅じゃこごはん、
鮭といくらの混ぜごはん、
明太バターごはんなど

炒めごはん

鮭とレタスのチャーハン、
高菜チャーハン、
チキンライスなど

のっけごはん

牛丼、野菜のカレー炒め丼、
まぐろとアボカドの刺身丼

おかゆ＆雑炊

野菜がゆ、卵雑炊、
舞茸リゾット風など

汁かけごはん

とろろごはん、お茶漬け、
冷や汁かけごはん、
卵かけごはんなど

47 “おいしい”のもとは本物で

料理の土台！　だしは本物の味を

料理の基本中の基本といえる〝だし〟。
手軽な〝だしの素〟に頼りがちですが、
きちんとだしを取ると、料理の味は格別に。
本物のだしは、
調味料をたくさん使わなくても味が決まります。
いろいろあるだしを
和・洋・中の料理に合わせて使い分けて。

和食のだし

・削り節と昆布で取ったもの。
・はじめに取っただしが
“一番だし”。
・そのだしガラに水を加え煮出したものが
“二番だし”。
味や風味が少し欠けるので、
煮ものやみそ汁に。
・煮干しと昆布で取ったもの。
クセがあるので、
みそ汁やお惣菜の煮もの向き。

洋食のだし

スープのベースになる
ブイヨンと
ソースなどのベースになる
フォンがあり、
一般的なのはブイヨン。

中華のだし

動物性のものと
植物性のものがある。
一般的なのは鶏ガラスープ。

鶏ガラと鶏手羽先などを
ねぎやしょうがと一緒に
煮込んで取る。

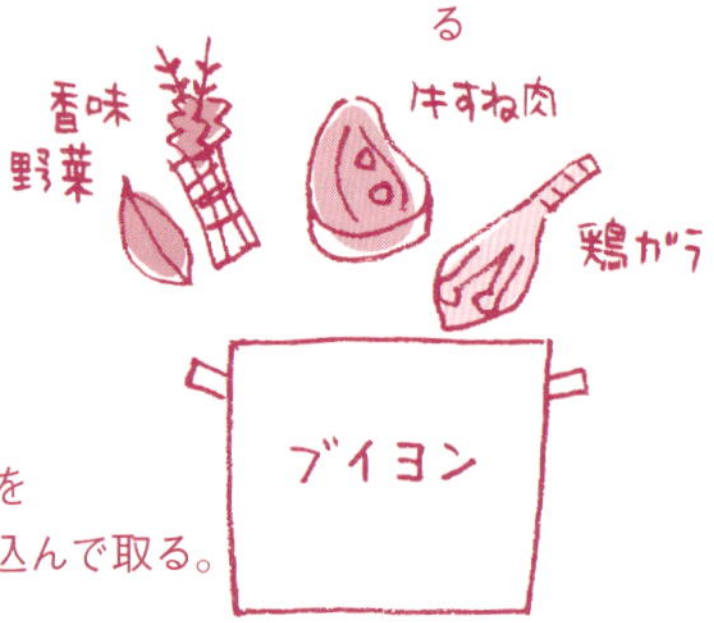

鶏ガラと牛すね肉などを
香味野菜と一緒に煮込んで取る。

48 知っておきたいクッキング用語

料理のレシピに必ず出てくる基礎用語。
覚えておくと、料理もラクラク。

ひと煮立ち
沸騰したら、
ひと呼吸おいて
すぐ火を
止めること。

煮含める
時間をかけて
材料によく煮汁を
染み込ませること。

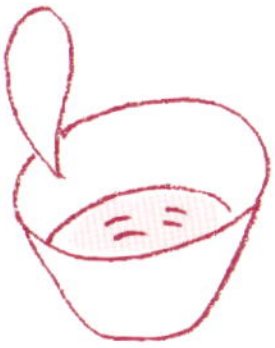

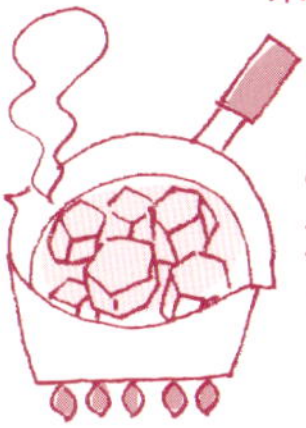

あら熱を取る
加熱したあと、そのまま
少し置いて温度を下げること。

落としブタ
鍋より小さいフタを
材料の上にのせること。

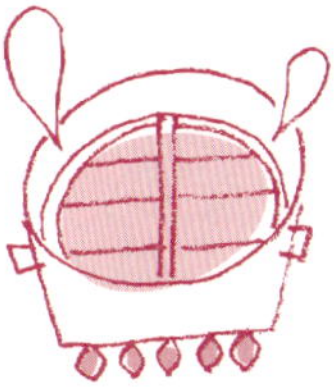

ひたひた
鍋に材料を入れたとき、
材料の頭が少し出るくらいに
水を加えること。

ゆでこぼす
ゆでたあと、
ゆで汁を捨てること。

から炒り
油を使わず、
材料を炒めること。

湯通し
材料に熱湯をかけたり、
熱湯にくぐらせたりすること。

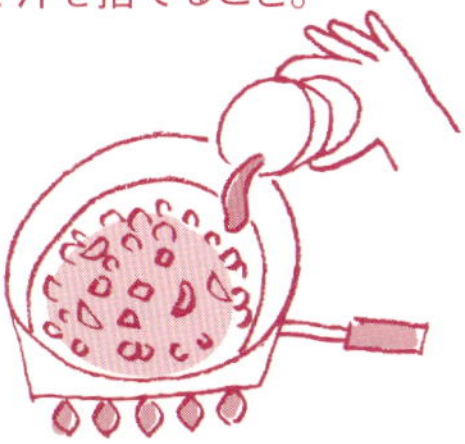

鍋肌からまわし入れる
調味料を鍋の縁全体に
まわし入れること。

水にさらす
野菜などを水に
つけること。
アクや辛み抜きに。

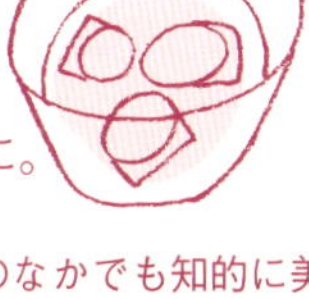

しんなり
炒めたときの
火の通し加減で、
材料がクタっとした状態。

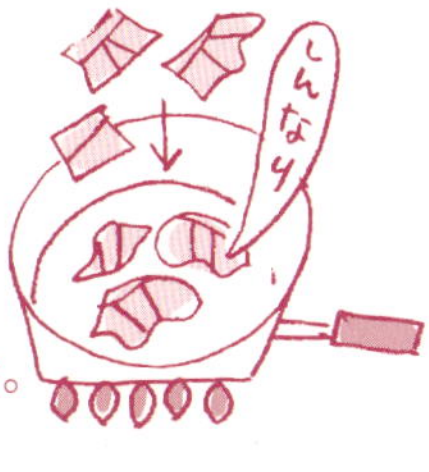

49 コーヒー・紅茶でおうちカフェ

コーヒー、紅茶も入れ方しだいで驚くほどに変わります。
おいしく入れて、おうちでティータイムを楽しんでみて。

おいしいコーヒーの入れ方

ペーパーフィルターは、
底と脇を折ってセットしたら、
お湯をまわしかけて密着させる。
お湯はいったん捨て、
挽いた豆を入れて、
豆の中心に細く置くようにお湯を注ぐ。
豆全体に含ませたら、20～30秒蒸らして、
円を描くように少量ずつお湯を注いでいく。
お湯が3分の1くらいになったら、
つぎ足して。

**★ホイップクリームをふんわり浮かべたり、
シナモンパウダーを振ったりすれば、
ひと味違ったおいしさに！**

おいしい紅茶の入れ方

茶葉はひとり分ティースプーン1杯が目安。
沸騰直前のお湯を勢いよく注ぎ、
フタをして3分くらい蒸らす。
3回くらいに分けて注ぐと、
濃さにムラが出ない。
ティーポットやカップはお湯であたためておくと、
香りと味がしっかり出るからおいしい！
寒いときは、ポットにティーコゼをかぶせて。

**★ティーバッグの紅茶も、
1分くらい蒸らすと香りよく出る。
ティーバッグは数回軽く振って、
静かに取れば渋くならない。
★ミルクティーにするなら濃いめに。**

50 快適お部屋のポイント掃除

「きれい！」をキープするコツ

テーブルでもTVまわりでも、
使ったらサッと拭く。
これが、家のなかを汚さない
いちばんのコツ！
TVを見ながら家具磨き、
電話をしながらモップかけ……
なにかをしながら、
どこか1か所
きれいにするのも効果的。

窓・サッシ

窓はぞうきんで
水平に一直線に、
拭き掃除を上から下まで
繰り返す。
サッシは古歯ブラシ、
割り箸などを上手に使って
汚れをかき出して。

フローリング

ハンディモップ＋
たまには掃除機。
汚れは、
ぞうきんで
水拭きしてから、
から拭き。

家具

こまめに
ホコリをはらって。
ときには洗剤拭きをして、
十分にから拭きを。

たたみ

掃除機＋たまに拭き掃除。
かたく絞ったぞうきんで、
たたみの目に沿って掃くようにソフトに。

カーペット

掃除機がけが基本。
奥に入り込んだゴミは、ブラシでかき出して。
糸くずや髪の毛は、ゴム手袋でなでるのも○。

51 水まわりは“しながら”きれいに

キッチンは炊事をしながら

キッチンは、
こまめな手入れがきれいのコツ。
食器洗いのあとのスポンジで
シンクをこする、
調理が終わったら
ガス台をサッと拭く……など、
お掃除というよりは、
炊事をしながら
手入れをするのがベテラン流。

浴室・トイレは使用後のひと手間で

浴室の汚れは、
お湯が熱いうちに
落とすのが簡単で効果的。
バスタブはスポンジで軽くこすり、
壁や床はシャワーを
サッとかけておくと、
あとの掃除がラク。
最後はしっかり乾燥させてカビ防止。
トイレも、
使ったらひと拭きの習慣を。
いずれも汚れは放置しない！

洗面所は水はね対策がいちばん

洗顔や歯磨きのたびに
飛び散る水はね。
放っておくと水あかになり、
やっかいな汚れのもと。
使うたびに、拭いておくのが
きれいの基本です。
鏡、シンクのなかも忘れずに。
排水口の髪の毛や汚れも
こまめに除去を。
排水口の汚れは、
古歯ブラシにクレンザーをつけて。

52 エコな掃除術

お酢と重曹は
掃除のオールラウンドプレーヤー

洗剤に頼りすぎず、
環境にやさしいお酢や重曹を
上手に活用して。

●酸性のお酢は、水あかなど
水まわりの汚れに効果を発揮。
排水口のにおいやぬめり取り、
漂白作用も。

●弱アルカリ性の重曹は、
油汚れに効果あり。
研磨剤としても使えます。
中性洗剤に混ぜて使うのも○。

捨てる前に、ひと働き！

捨てるものを利用すれば、
道具や洗剤も
あまり使わずに済みます。

★ボロ切れなどは小さく切って
油汚れの拭き取りに。
★新聞紙は、吸湿性がいいので
ガラス磨きにぴったり。
玄関のたたきにまいて掃き掃除も（茶ガラもGood）。
★みかんの皮の煮出し汁は、床磨きに。
★じゃがいもの切れ端は、バスルームの鏡をこすればくもり止めになります。

53 「こんなときに……」解消の日用品

そろえておきたい日用品あれこれ

お部屋のなかのちょっとした修理、模様替えのときなどに、あると便利なツール類。100均グッズも手軽だけれど、機能的でデザイン性も高い上質のものがあれば、修理が楽しみになるかも。

ラジオペンチ
アクセサリーの簡単な修理、調節にも便利。

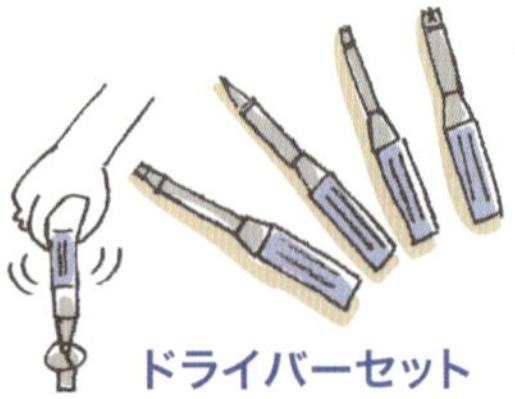

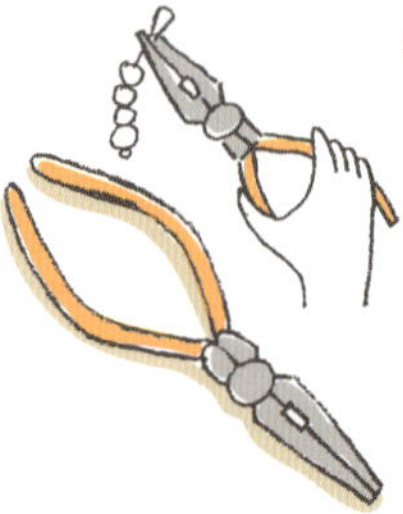

ドライバーセット
家電や家具のネジのゆるみ、組み立て家具のセッティングなど。

メジャー
家具などの購入のとき必須。おなかまわりのチェックも!?

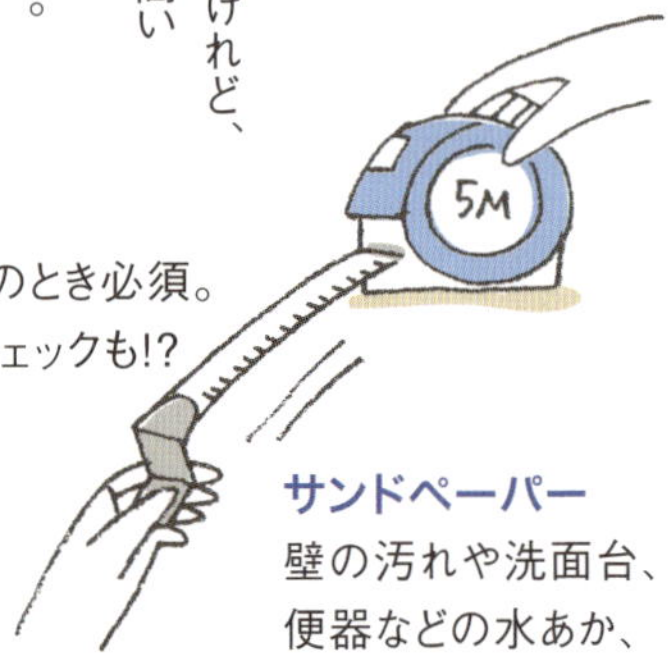

サンドペーパー
壁の汚れや洗面台、便器などの水あか、軽いサビ落としなど。ただし、傷つきにくい目の細かいものを。

“そのとき”のためにスペアを！

夜中に電気がつかなくなったり、電池切れでリモコンなどが使えなくなると、とても不便。電球や蛍光灯のスペア、乾電池など必要なものをチェックして、そろえておくと安心。また地震などに備えて、懐中電灯やろうそくも用意しておきましょう。充電式のラジオつきライトは、おすすめです。

54 アクセサリーの手入れと保管

輝きをキープするコツ

使ったら、必ずやわらかな布でから拭きを。
ホコリや皮脂、化粧品を拭き取ります。
とくに汗の季節はご用心！
また、宝石には急激な温度変化は絶対禁物。
ひびが入ってしまうことも。
料理するときなどは、
アクセサリーは外したほうが○。

アイテム別の手入れ法

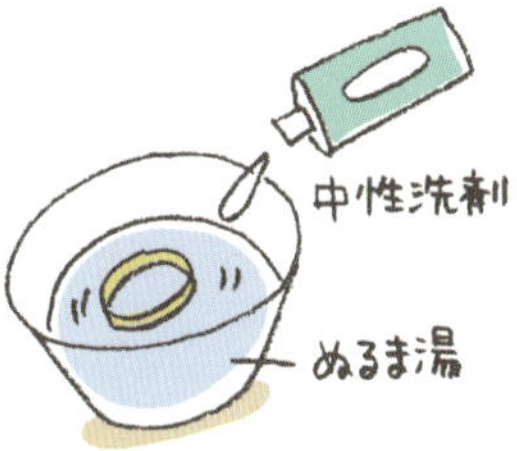

ゴールド、プラチナなど

洗剤を溶かしたぬるま湯で洗い、
やわらかな布でから拭き。
汚れは専用の洗浄液で。

シルバー

歯磨き粉を布につけて
こすったあと水洗い。
十分に乾かすこと。

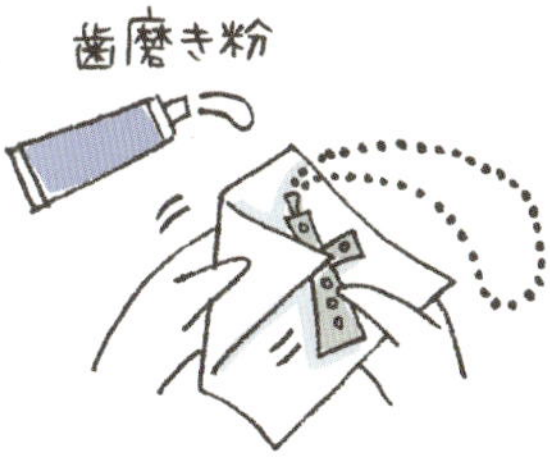

宝石つきアクセサリー

重曹を溶かしたぬるま湯に
ひたして、
綿棒などで
細かい汚れを
除去。
水気を取って陰干し。

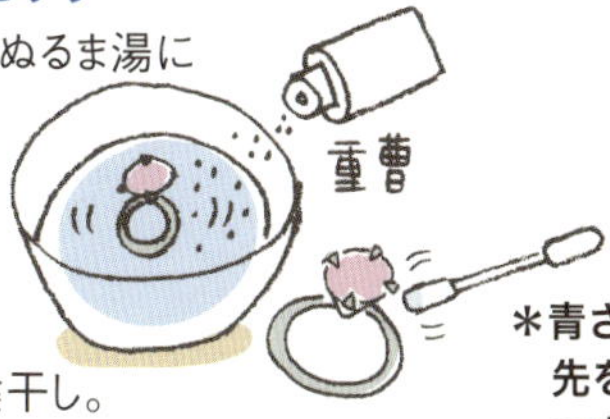

＊青さびは、
先をほぐした
つまようじに、
灰をつけてこする。

アクセサリーの保管法

保管するときは、専用の宝石箱に。
ないときは、空き箱に綿を敷いて代用。
また、チャックつきビニール袋で小分けすれば、
互いにぶつかるのを防げます。
シルバーのものは、
アルミホイルに包んでおくのも○。

55 靴の手入れと保管

靴を長もちさせるコツ

はいたあとは必ず汚れを取り、ツヤ出しを。
ツヤ出しには、古ストッキングがぴったり。
1日はいたら、
陰干しをして1～2日休ませるのが○。

●バックスキンの靴の
汚れ落としは
専用の消しゴムで。

●ブラシや布、
クリーナーなどは、
すぐ出せるように
カゴなどにまとめておく。

ぬれたときは、念入りにお手入れ

革靴がぬれたときは、
ぞうきんで汚れを
落としてからから拭き。
型くずれしないように、
なかに新聞紙を詰めて、
陰干しに。

●生乾きのうちに
クリーナーを塗っておく。

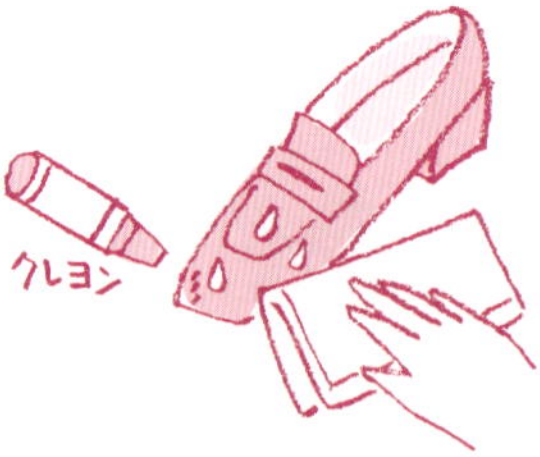

※ひび割れの
もとになる
ドライヤーは×。

●色落ちや傷は、同じ色のクレヨンで修繕。

イヤ～なにおい撃退！ 靴の脱臭法

重曹を小さな器に入れ、
下駄箱の隅に置いておくと、簡易消臭剤に。
消毒用エタノールをスプレー容器に入れて、
靴のなかに吹きつけておくのも効果的。

56 バッグの手入れと保管

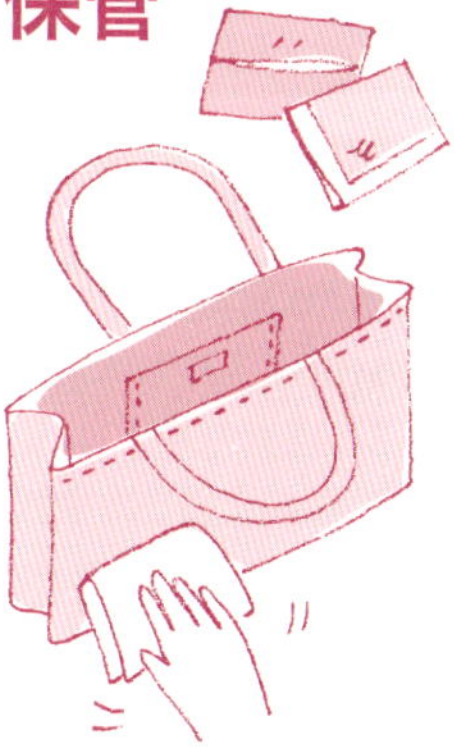

“使ったらすぐ手入れ”が長もちのコツ

使ったら、ホコリをはらって、もとの場所にしまう。
これが、バッグもお部屋もきれいをキープする基本。
毎日使うものでも、布でホコリや汚れを落とし、
ハンカチやティッシュを入れ替えて。
その際、なかの小さなゴミなどを取っておくこと。

シーズンごとの手入れ法

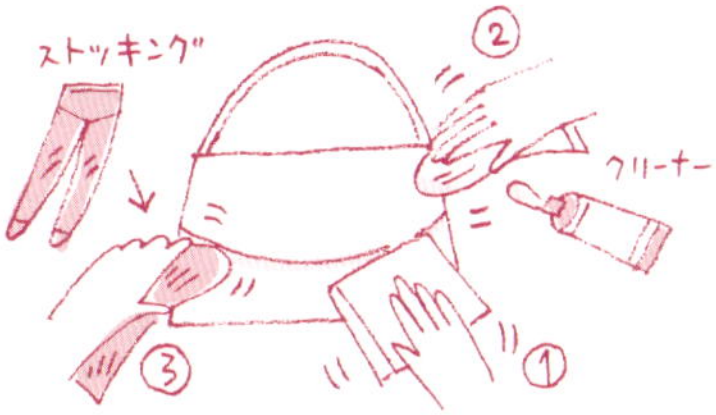

ナイロンのバッグ

薄めた中性洗剤を含ませた
布でこすり、
水ですすいで
陰干し。

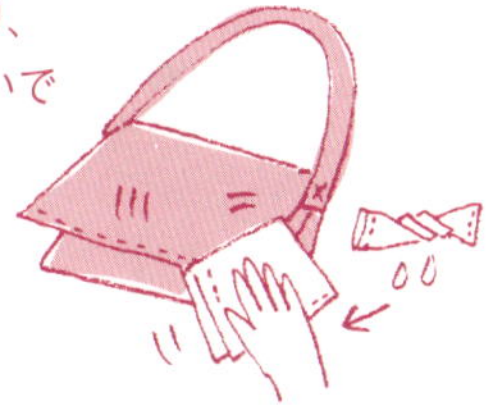

革のバッグ

全体のホコリをよく取ってから、
専用クリーナーを布につけて塗り、
乾いた布や古ストッキングで
ツヤ出しを。

カゴのバッグ

ブラシで
ホコリを取り、
薄めた
中性洗剤を
含めた布で
拭き取ってから、
水拭き。

布のバッグ

水洗いやかたく絞ったタオルでの
水拭きなど素材に応じて。

上手な保管法

バッグを重ねて保管するのは型くずれのもと。
ふだんあまり使わないものは、
なかに新聞紙などを丸めて詰め、
バッグ用の不織布をかぶせて紙袋で保管。
できるだけ、立てたり吊るしたりして収納を。
箱は通気性が悪く、カビがはえやすいので注意。

57 シミ抜きは早めの処置が大切！

シミは叩いて移して

シミをつけてしまったら、その場で応急処置を。
素早い処置が、
お気に入りの洋服が台なしになるのを防ぎます。
シミ抜きの基本は、叩いてタオルや布に移すこと。
そのあと、シミの種類に合った洗剤などで、
汚れを叩き出します。

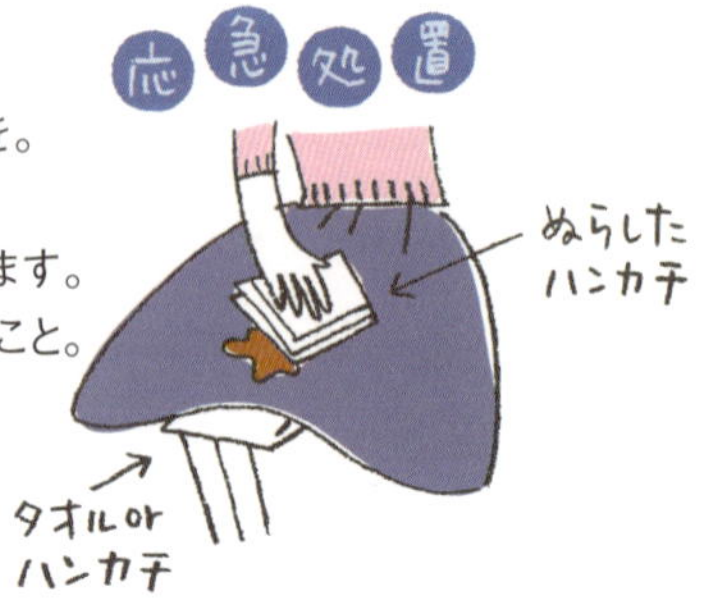

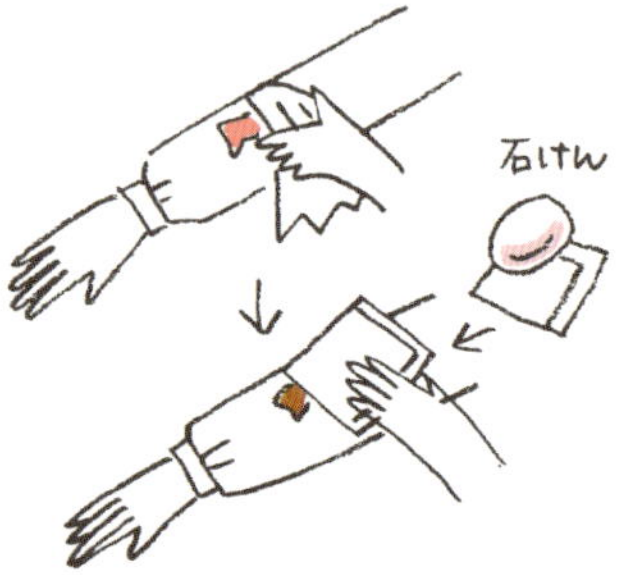

水溶性のシミ
（しょうゆ、ソース、コーヒー、お茶など）
→ぬらしたハンカチで叩いておく。

油性のシミ
（カレー、ペンのインク、化粧品など）
→ティッシュで吸い取り、ぬらしたハンカチに
石けんをつけて押さえておく。

知って得するシミ抜きの裏ワザ！

染みついてしまったら、身近にあるこんなもので、しっかりきれいに。

●血液のシミに
大根おろしを
布やガーゼに
包んで、
そのまま叩いて。

●ファンデーション・口紅のシミに
油性のシミには、
ベンジンが○。
なければ、
クレンジングオイルと
中性洗剤を混ぜた液で
叩いてつける。

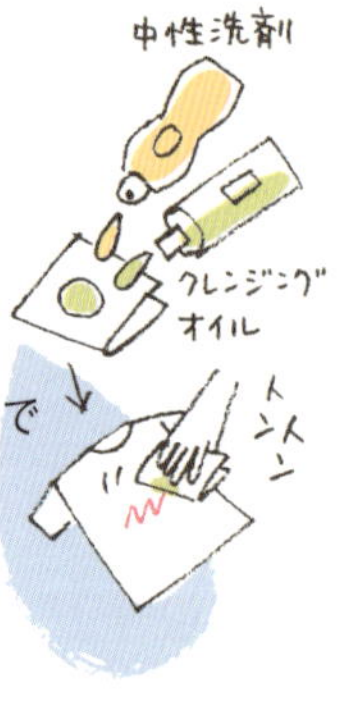

●コーヒー・紅茶のシミに
糖分の入っていない
炭酸水で叩いて。

●果汁のシミに
軽いうちなら、
お酢で叩いて。
それでもダメなら、ホウ酸水で。

58 衣類の上手な干し方テクニック

アイテム別干し方

洗濯、脱水後は、できるだけ早く干すこと。
放っておくと、シワのもと。
生地を両手ではさんで、
軽く叩くようにシワを伸ばして干して。

・シャツはハンガーにかけ、ボタンをかけて、えりや袖口をピンと伸ばして。
・ジーンズは裏返してポケットを外に出し、円形に広げて筒状の吊り干しに。
・トレーナーは縦半分に折って竿にかけて。
・セーターは、市販されている平干しネットなどの上に。

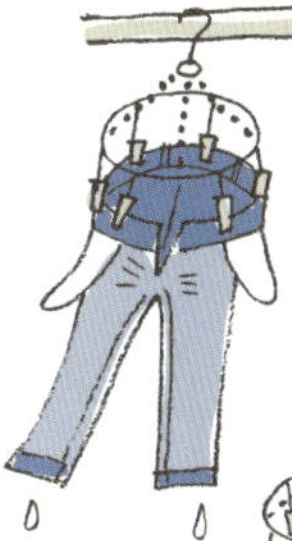
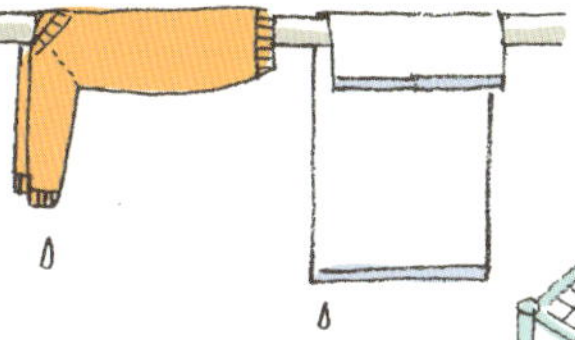

・タオルは重なりがなくなるよう、両端をずらして。

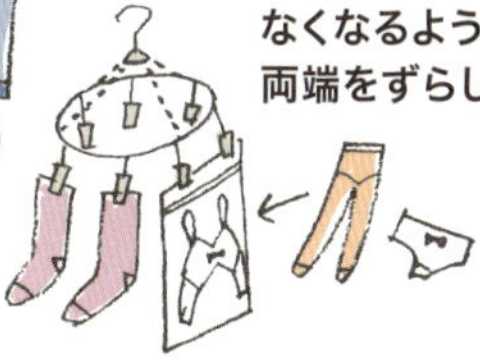

・ストッキングや下着は洗濯ネットに入れたまま干せば目隠しに。
・靴下は足首のゴム部分を上にして。

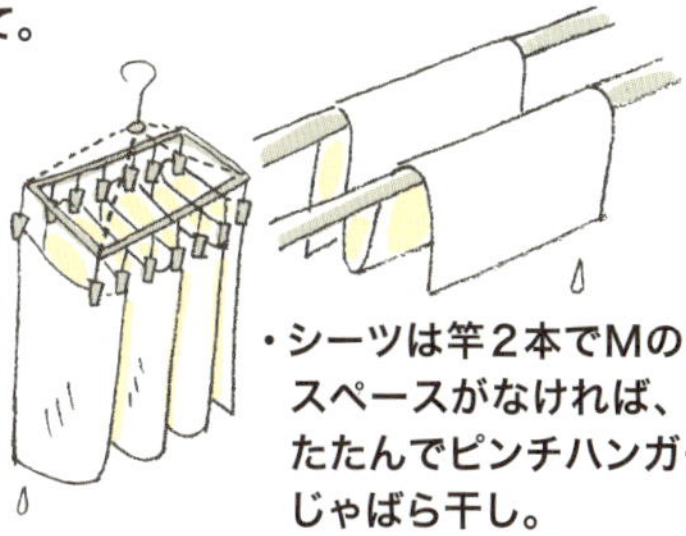

・シーツは竿２本でMの字に。スペースがなければ、たたんでピンチハンガーにじゃばら干し。

気持ちいい室内干しのテクニック

風通しをよくすることがいちばん。
乾くのに時間がかかると、
イヤなにおいが
つきやすくなるので注意。
におい対策には、
抗菌作用のある柔軟剤や
スプレー式の消臭剤などを。
すすぎの水に
お酢を少し加えるのも効果的。

★エアコンの風が当たるところ、扇風機も効果的。除湿機の利用も。

59 きれいなたたみ方のコツ

たたみジワはできるだけ少なく、
とくに着たとき目立つ場所にシワができないように、上手にたたんで。
収納場所に幅や長さを合わせてたためば、収納もすっきり。

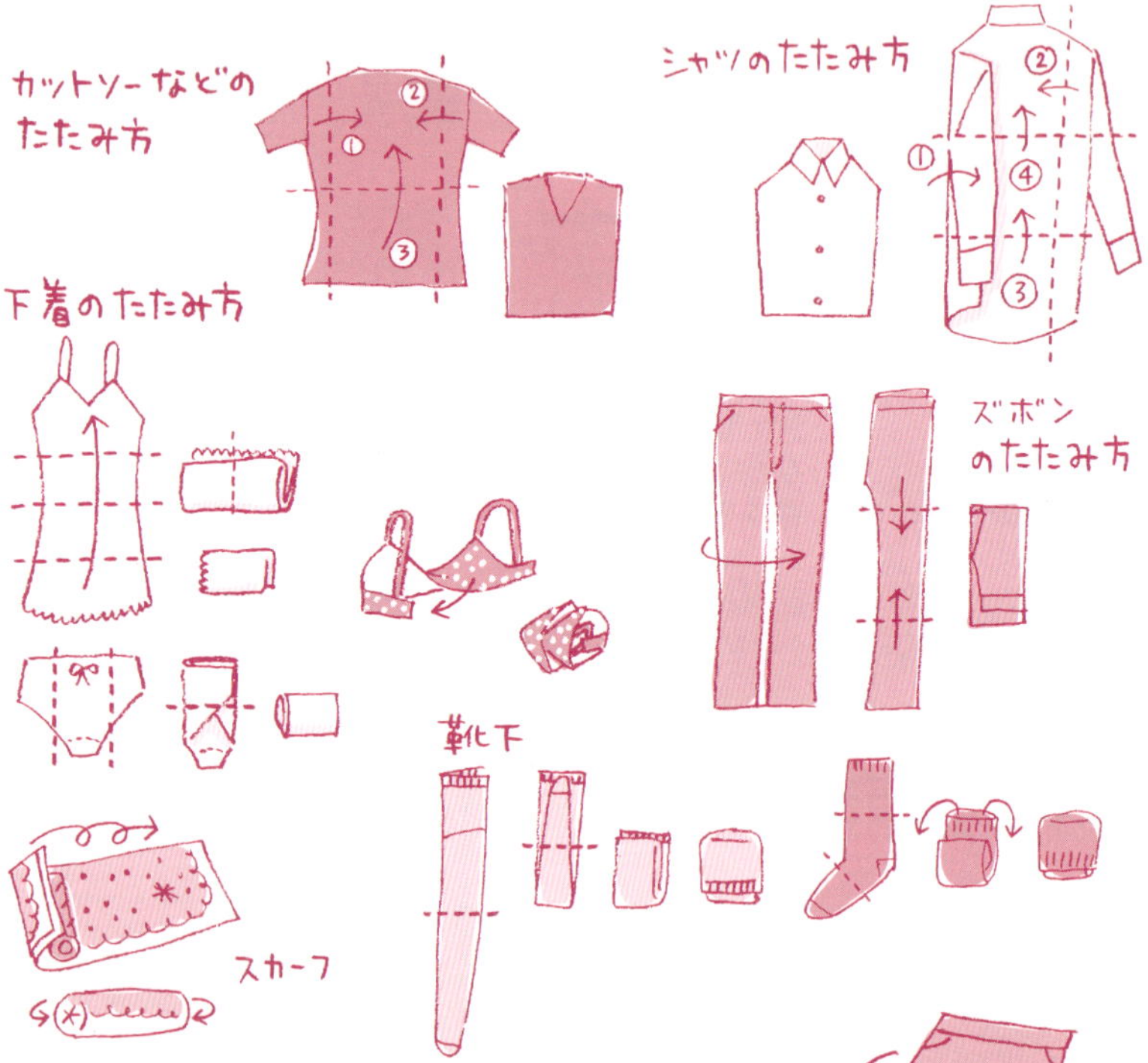

ブティックだたみをよりきれいに

服の中央にA4サイズくらいの
本や厚紙を当て、
その幅を基準にしてたたむと、
左右対称の
きれいな仕上がりに。
基準にするものを
決めておけば、
いつでも同じ幅にたためて
収納もきれい！

折りジワをつけないたたみ方

たたみジワが
気になるときには、
タオルやラップなどの芯を
はさんでたためば、
シワ防止に。

60 アイロン術をマスターして、おしゃれを極める

スチーム機能とドライ機能

スチームは、蒸気を当てながら
生地をふっくらと仕上げる機能。
ドライはシワを取る機能で、
霧吹きで湿気を与えてから
高温でいっきにシワを伸ばします。

●スチーム

ウール、アクリル、綿などのセーター、
シャツ、スカート、スーツなどに。

●ドライ

綿や麻など植物性繊維、
ポリエステルとその混紡の
ブラウスやシャツ、スカートなどに。

アイテム別アイロンがけのポイント

ズボン

**四隅を洗濯バサミで
固定するとかけやすい。
片足ずつ折山を整えスチームで。**

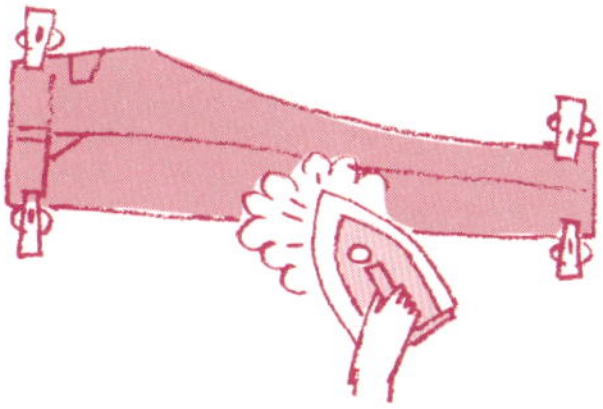

ブラウス

**えりは、片手で
片方の端を
引っぱりながら、
両端から中央へ
半分ずつかける。**

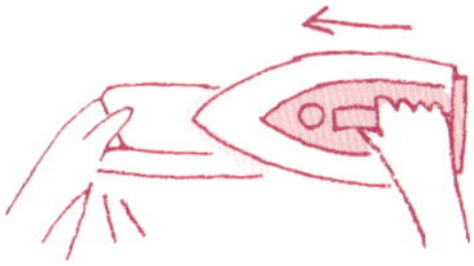

**袖口のギャザー部分は、
袖口の太さに
巻いたタオルを
入れたままかけて。**

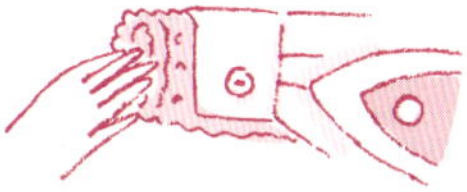

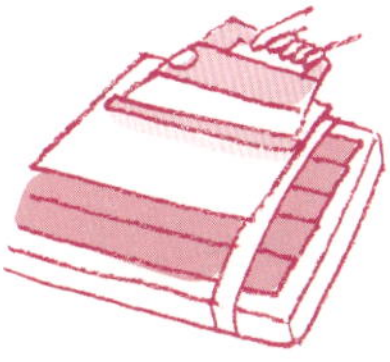

プリーツスカート

**ひだを整えて、
アイロン台ごと
ゴムひもではさみ、
当て布をして、
押すようにかけて。**

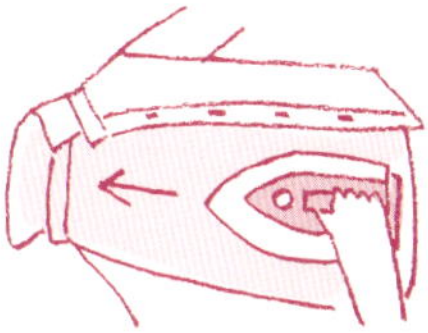

**身頃はすそから
えりのほうへ。
一方向に
かけるように。**

ハンカチ

**糸の方向を確認し、
縦糸(引っぱって
伸びないほう)に
沿ってかけて。**

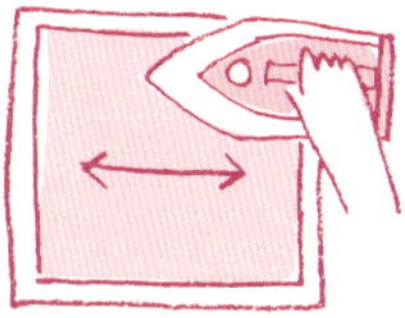

**カフスは内側に
アイロンを
すべらせ、
先端部分を
使って。**

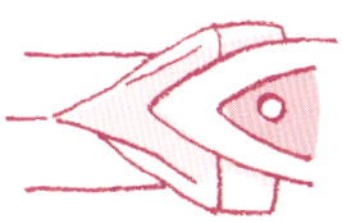

61 キッチンまわりはいつもきれいに

汚れやすい場所だけに、いつも“きれい”を心がけたいもの。
整理整頓はもちろん、使いやすさもキッチン収納の大事なポイントです。

食器棚

使いたいものがすぐに取り出せること。
使う頻度に応じて、しまう場所を決めて。

おそろいのものは縦一列に並べて、見ためも出しやすさもともに○。

茶碗など口が広いものは、互い違いに並べて収納力アップ。

引き出しは、区切ってカトラリーを整理。

よく使うものは、カゴにまとめれば出し入れがラク。

シンクまわり

シンク下のスペースも有効活用を。
清潔さを忘れずに。

お玉やフライ返し、菜箸などよく使うツール類は、ひとまとめにして立てて収納。

扉の内側に空き箱をつけて、ラップなど細長いものを入れると便利。

吊り戸棚には、ふだんあまり使わない食器やシーズンオフのものを。

シンク下に調味料類を置くなら、取り出しやすいカゴなどにまとめて。液だれで汚れやすいので、キッチンペーパーなどを敷き、こまめに替えて清潔に。

62 気持ちいい寝具の収納術

気持ちよさキープは手入れから

ふとんは、こまめに天日に干して清潔に。
湿気を除去し、殺菌やダニ退治の効果も。
湿度が低い晴天の日の10～14時のあいだに、
片面1～2時間ずつ両面を干します。

■手入れのポイント

1 取り込むとき、バンバン叩かない。
2 雨上がりの晴天は湿気が多いので×。
3 カバーをつけたまま干せば、
**　直射日光でも傷まない。**

ふとんのたたみ方テクニック

上手にたためば、
収納スペースの節約に。

掛けぶとん

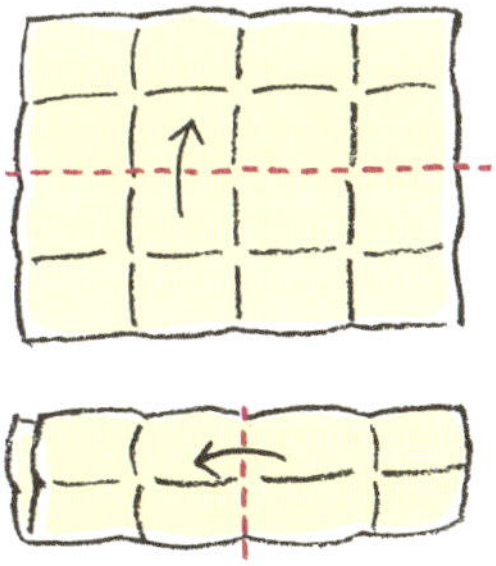

四隅を合わせて、
4つ折りに。

敷きぶとん

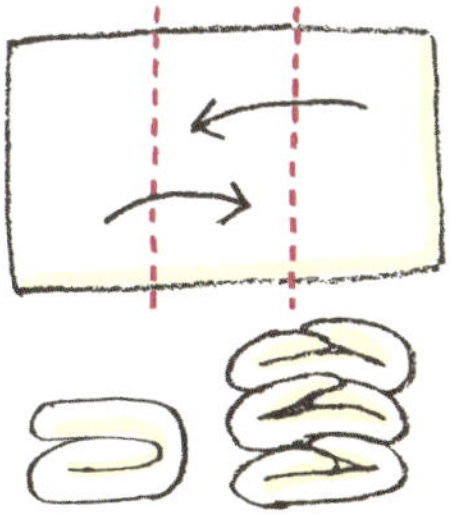

表面を内側に3つ折り。
数枚重ねるなら、
きちんと3等分せず、
少しずらして。

羽毛ぶとん

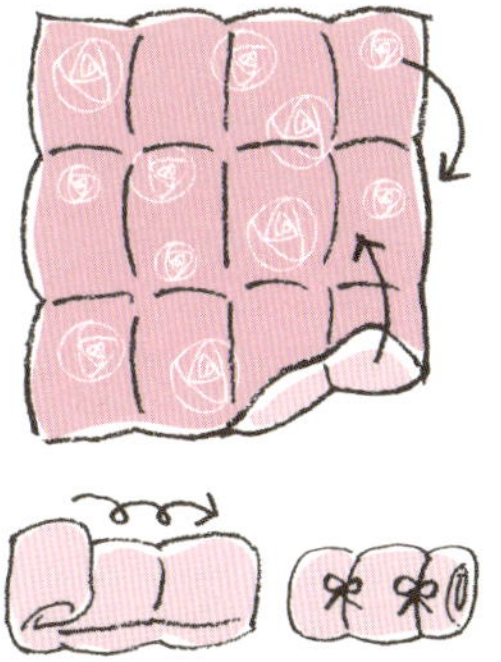

3つ折りにしてから丸めて。

押入れは湿気に注意！

重い敷きぶとんから順に重ねてしまいます。
すのこなどを利用して、
床や壁とのあいだの風通しをよくして、
ふとん用の除湿シートをはさんだり、
すき間に除湿剤を置いたりするとベター。

63 すっきりきれいな衣類の収納術

クローゼットは上手に利用

デッドスペースを少なくすることがポイント。吊るす服は、できるだけ丈をそろえるようにすると、下のスペースがたっぷり使えて、いろいろと収納できます。

・突っぱり棒やS字フックで袋などをかけて、小物の収納に。

・下の空きスペースに、引き出しケースやカゴを置いて有効利用。

引き出しサイズに合わせて

引き出しのサイズに合わせてたためば、デッドスペースが少なくて済みます。幅だけでなく、高さも合わせると無駄がありません。

・Tシャツやセーターは、引き出しの幅と深さに合わせてたたむ。
・シャツはえりの部分が重ならないように、互い違いに重ねる。
・下着や靴下類は、箱を使って仕切ると使いやすい。

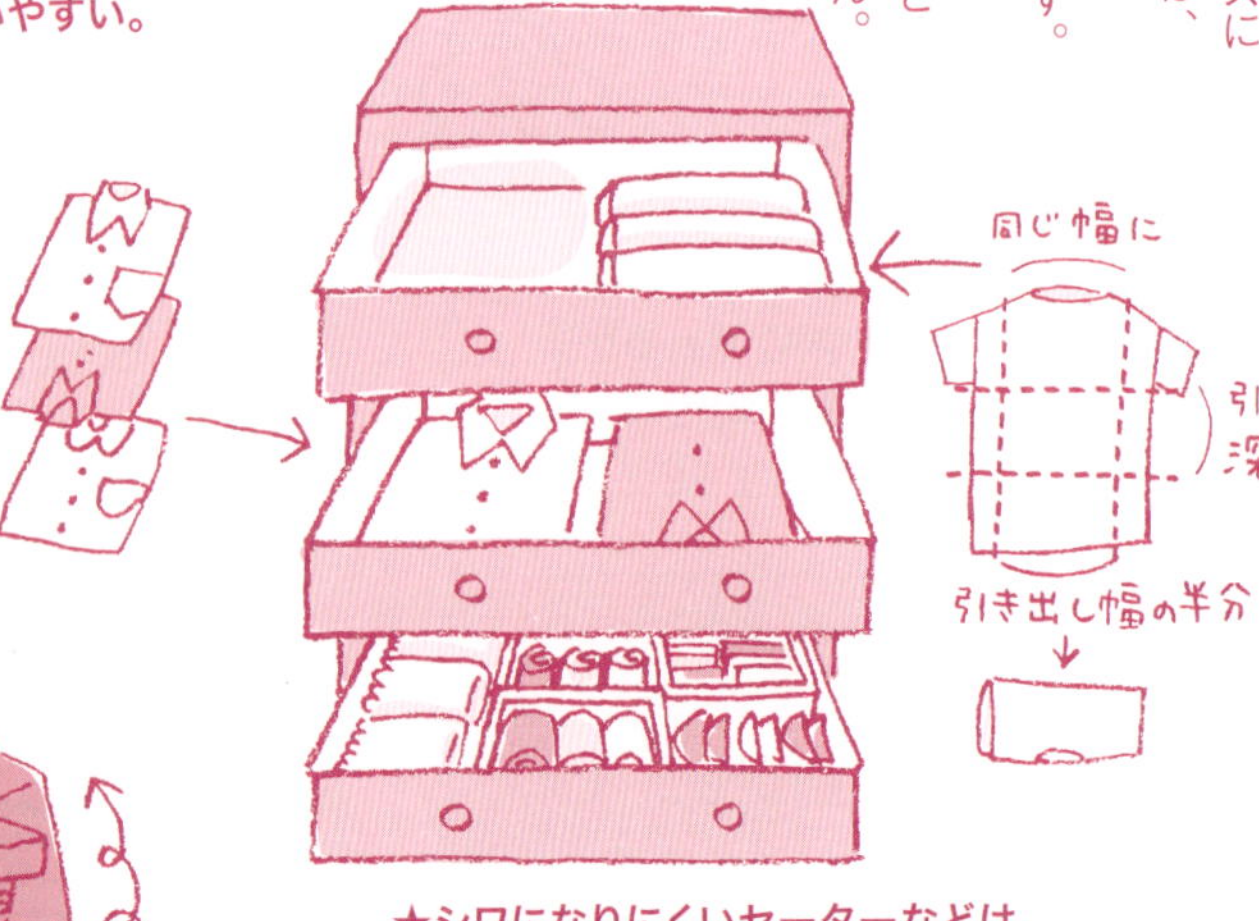

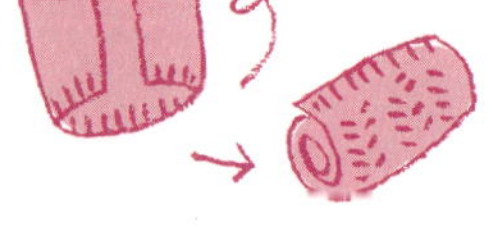

★シワになりにくいセーターなどは、クルクル丸めてしまえば省スペースに。丸めるときに、収納スペースの幅にそろえること。

64 衣類の簡単メンテナンス―ほころび

服のちょっとしたメンテナンスに欠かせない縫い方の基本を
マスターしておきましょう。

●すそ上げやほつれ直しに…まつり縫い

表から見えないように。
細いミシン糸を使うと、
縫いめが表にひびきにくい
仕上がりに。

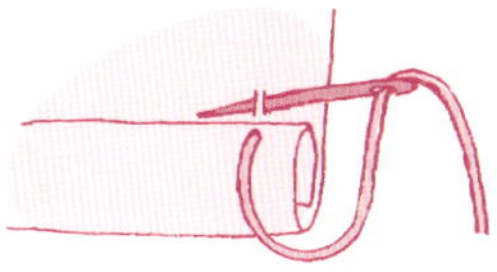

・3つ折りにして
折り山に糸を通し、
その真上の表地の
織り糸を
1～2本すくう。

・斜め下の折り山の折り糸を2～3本すくい、
さらに真上の表地の織り糸をすくって、
これをを繰り返す。

●ほつれた縫いめの補強に…返し縫い

ひと針分ずつ戻って
縫いめを連続させ、
ミシンで縫ったような
仕上がりに。

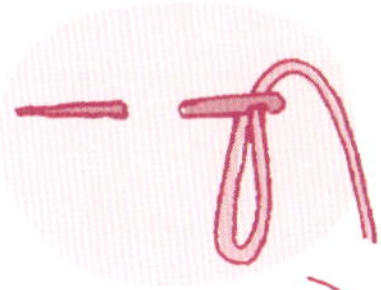

・ひと針分縫ったら、
ひと針分戻って針を刺し、
ふた針分先に針を刺して縫う。

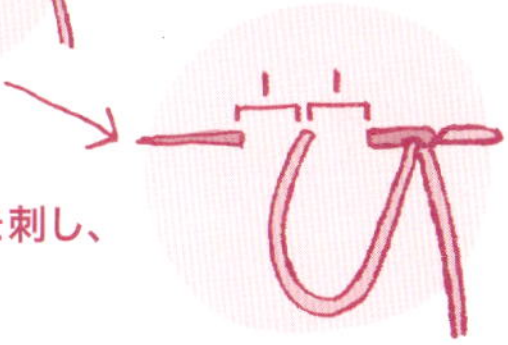

・ひと針分戻って針を刺し、
同様に繰り返す。

●半返し縫い

0.5針分戻って、
1.5針分進める。
ふつうの返し縫いほど
丈夫でなくてもよい
場合に。

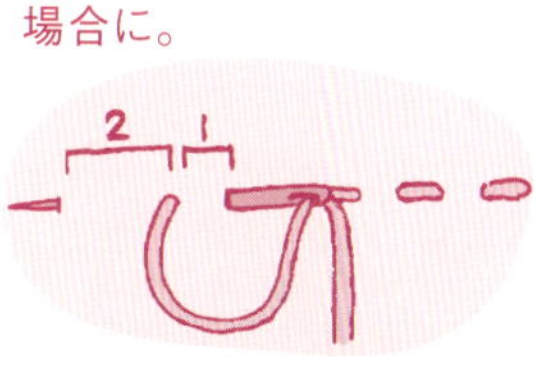

すそ上げのコツ

スカートやパンツを
すそ上げするときには、
まち針で留めた状態で、
はいてみて
長さの調節を。
すそ上げは、
まつり縫いが基本です。

65 衣類の簡単メンテナンス─ボタンつけ

お気に入りの服のボタンが取れてしまった、
でもボタンつけができない……、なんてことのないように！

ボタンのつけ方の基本

●2つ穴ボタン

布↓ボタンの穴↓布と糸を数回通してから、足をつくります。足は布の厚みに合わせて、布地から少し浮かせるようにつくれば、ボタンがかけやすい仕上がりに。

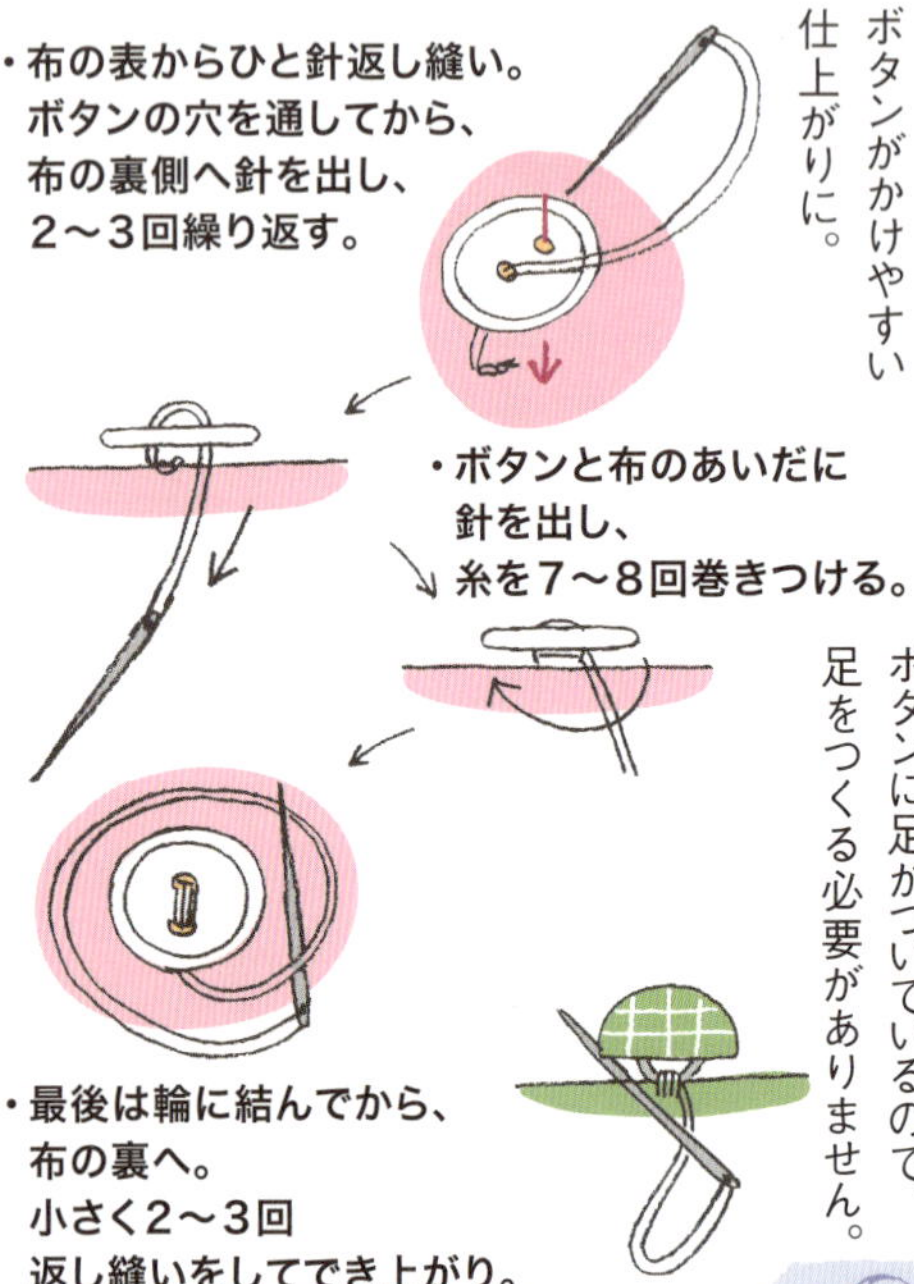

・布の表からひと針返し縫い。ボタンの穴を通してから、布の裏側へ針を出し、2～3回繰り返す。
・ボタンと布のあいだに針を出し、糸を7～8回巻きつける。
・最後は輪に結んでから、布の裏へ。小さく2～3回返し縫いをしてでき上がり。

●4つ穴ボタン

糸の通し方をいろいろとアレンジすることも。

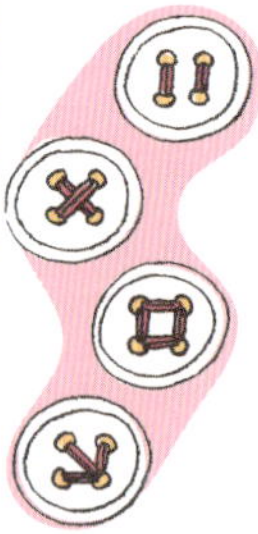

●足つきボタン

ボタンに足がついているので、足をつくる必要がありません。

スナップのつけ方

穴に針を通し、糸で輪をつくったところへ通して糸を引きます。さらに布まですくって針を穴に通し、同様にかがっていきます。ひとつの穴に2～3回ずつ。カギホックも同じつけ方で。それぞれセットになっているので、両方の位置がずれないように。

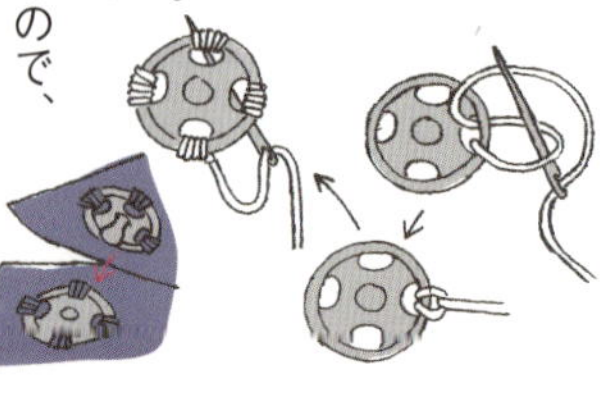

ゴムの交換

古いゴムを少し引っぱり出して切り、
片方に新しいゴムを結びます。
もう一方の端を引いて
古いゴムを引き抜けば、
ゴム通しがなくても簡単。
新しいゴムの両端を重ね、
返し縫いで
止めればOK。

古
新

66 歯と口のお手入れはエチケット！

きれいをキープする正しい歯磨き法

白くて健康的な歯は、エチケットの点で不可欠。
正しい歯磨きで、美しさをキープして。

**・歯ブラシは軽く持ち、
歯と歯のすき間にブラシを押し込み、
縦にやさしく動かす。**

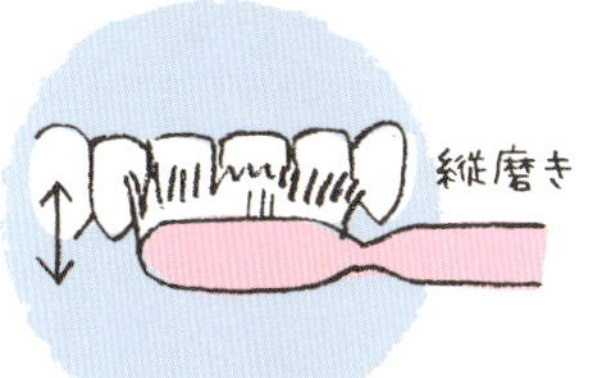

**・歯と歯肉のあいだは、
ブラシの毛先を歯と歯肉のあいだに
差し込んで、細かく横磨き。**

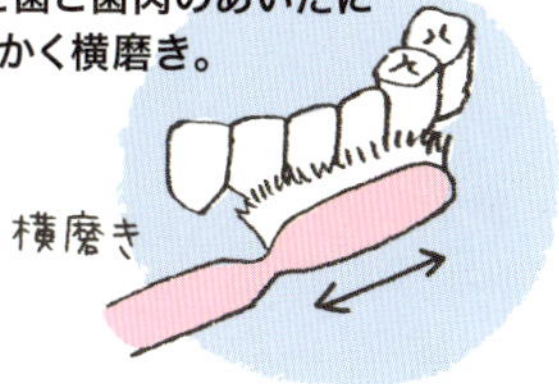

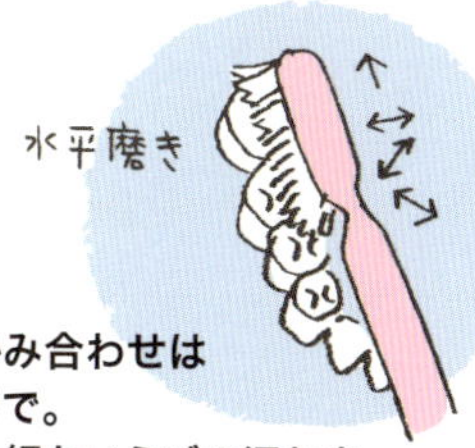

**・奥歯のかみ合わせは
水平磨きで。
歯の上の細かいミゾの汚れを
かき出すように。**

・磨き終わったら、十分にすすぐ。

食後の歯磨きで口臭予防

食べカスなどが残っていると、
イヤなにおいのもとになるので、
食後の歯磨きを心がけて。
舌も軽く
ブラッシングするとなお◯。
ランチから時間が経ったときは、
ガムをかむのも効果的。
口臭予防に
必要な唾液をガムで促して、
イヤなにおいを防ぎましょう。

67 美髪をキープするヘアケア

ヘアケアの基本プロセス

●ブラッシング
頭皮からやさしくブラッシングして。ぬれているとキューティクルがはがれるので、注意！

●シャンプー
指の腹で頭皮をマッサージするように。

●すすぎ
根もとから毛先に向かって、しっかりすすいで。

●トリートメント
毛先から髪全体につけてなじませ、シャワーキャップをつけた状態で、しばらくお湯につかると効果的。

●タオルドライ
タオルでポンポンと叩くように水気を取って。

正しいドライ&ブロー

髪をすぐ乾かすコツは、まず地肌をよく乾かすことですが、乾かしすぎは、枝毛や切れ毛、フケなど、トラブルのもとになるので気をつけて。ドライヤーは髪から15～20㎝離し、同じところに長く当てないように。スタイリングは8割程度乾いたあとに行いましょう。

68 こまめが肝心！　爪のお手入れ

ネイルケアの基本プロセス

●形を整える

爪切りを使うと、割れ爪などトラブルのもと。なるべくエメリーボードを使って削りたいもの。コツは、爪に対して45度の角度にボードを当て、先端→サイド→コーナーの順に、一定方向に動かして削ること。

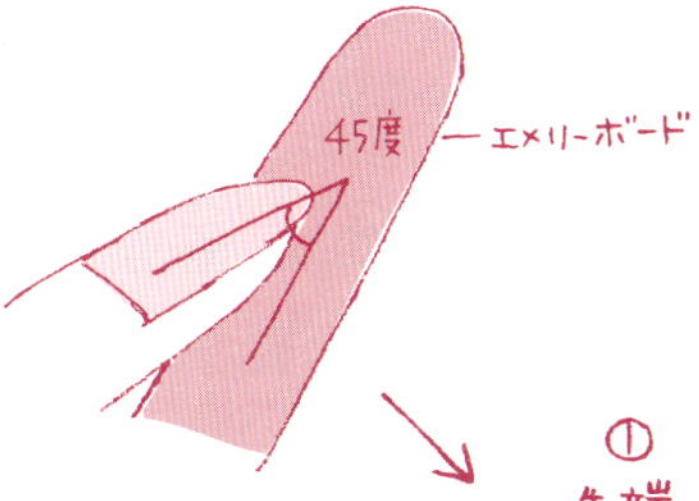

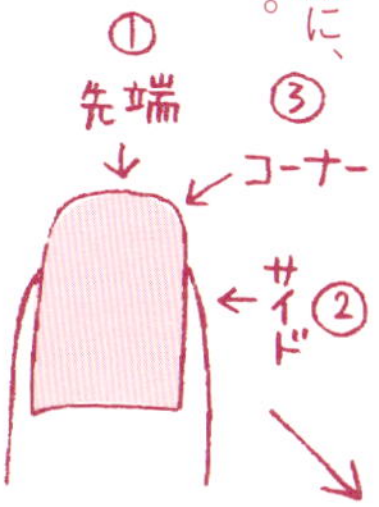

●甘皮を整える

キューティクルリムーバーを少しずつつけて爪になじませ、指先をぬるま湯につけて、甘皮をやわらかくします。次に、甘皮専用のスティックの先で、円を描くようにやさしく薄皮を押し上げます。仕上げにキューティクルオイルをつけて保湿を。

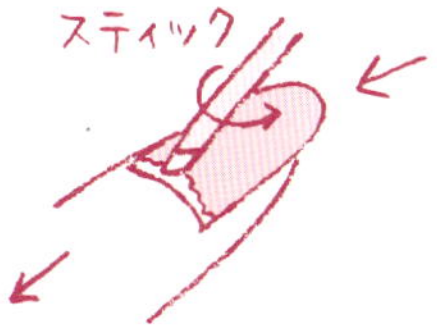

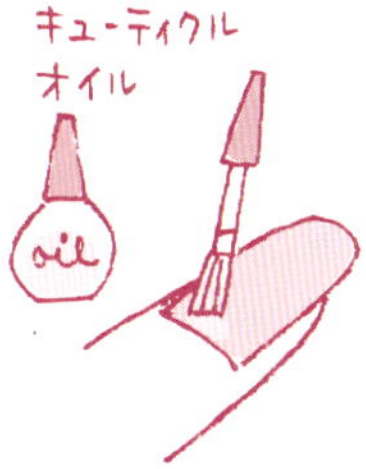

●マッサージ

爪と指先にオイルやクリームを塗り、反対の手の指先でやさしくもむようにマッサージ。とくに爪の根もと部分は、うるおいをたっぷり補給します。美爪のためには、毎日のケアが大切！

69 スキンケア＆メイクは基本をしっかりと

スキンケア＆メイクの基本プロセス

クレンジング
額などのTゾーンから頬、
目もと、口もとに広げていき、
ぬるま湯で洗い流します。
その際、
肌を強くこすらないこと。

洗顔
基本的には
クレンジングの
洗い方と一緒ですが、
洗顔料を
泡立てるのが
ポイント。

**◆ノーメイクだった日の夜や
朝も洗顔をして、
肌の油分を落とすのを忘れずに。**

化粧水
手のひらや指の腹で
押さえながらつけて。
目もとや口のまわりも忘れずに。
パシパシ叩くのは、
赤ら顔やシミの原因になるので
よくありません。

美容液
指の腹で軽くマッサージしながらつけて。
美容液の種類がふたつ以上あるときは、
保湿効果のあるものから塗ること。
カサつきが気になるときには、
乳液やクリームでケアを。

メイクの基本

化粧品は、
自分の肌に合ったものを選びましょう。
同じ目的のものでも、
化粧品によって成分が違うので、
実際に使って効果や使用感を確認して。

メイク下地

化粧水や美容液などを
肌になじませてから、
薄く均一に延ばし、
手のひらで
肌を包むようにつけて。
UV効果のあるものが○。

ファンデーション＋パウダー

頬からあご、額と面積の広い部分から、
鼻筋、小鼻など小さな部分へと
ファンデーションを塗り広げて。
最後にパウダーを
パッティングするようにつけます。

ポイントメイクはナチュラルな色で

肌や服装に
合わせやすい色を選ぶと、
よりナチュラルに
見せることができます。

70 肌荒れと吹き出物を防ぐコツ

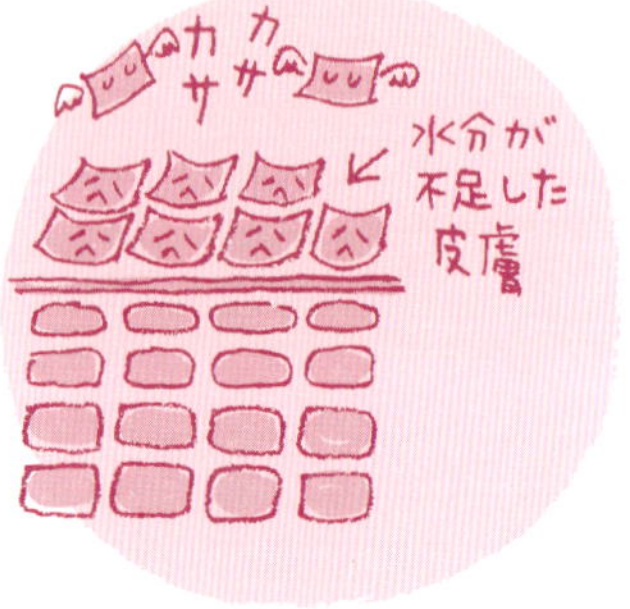

肌荒れの原因って？

肌荒れは、皮膚が乾燥してカサついた状態。
ひどくなると、ひび割れができたり、
かゆみなどを引き起こすこともあります。
乾燥が原因であることが多いですが、
からだの不調、生活習慣の乱れ、
ストレスなどが原因のことも。

肌荒れの予防と対策

水分補給や保湿などは十分に。
なるべく保湿効果の高い
美容液やクリームが○。
また栄養バランスのよい食事や
十分な睡眠などを心がけましょう。

吹き出物の原因って？

皮膚の角質が厚くなり、
毛穴がふさがって
皮脂が出なくなるのが吹き出物。
ストレスや睡眠不足、
ホルモンバランスの関係などが
体内のバランスを乱し、
肌に不調を引き起します。

吹き出物の予防と対策

規則正しい生活が大切なのはもちろん、
吹き出物の解消には洗顔が大事。
洗顔料は、さっぱりタイプのものや
油分の少ないものを選びましょう。
何度も洗うのは肌を傷めるので×。

71 むだ毛のお手入れは、肌に合わせて

＜剃る＞脱毛

●電気カミソリ

深剃りができるが、
しっかり剃れる分、
皮膚が傷つきやすい。

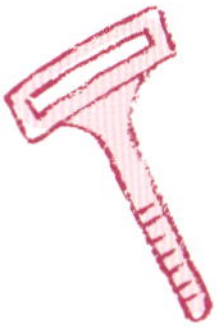

●安全カミソリ

肌の状態を見ながら
剃り方を調整できるが、
乾燥肌の人は、
剃ったあと、
かゆくなることも。

＜抜く＞脱毛

●毛抜き

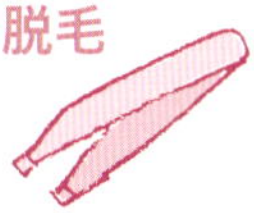

生えてくるまでの時間は
剃ったときより長いが、
続けていると、
埋没毛やシミが
できることも。

●ワックス・テープ

広範囲をいっきに脱毛できるが、
肌や毛根の炎症、シミなどの
トラブルも
起こしやすい。

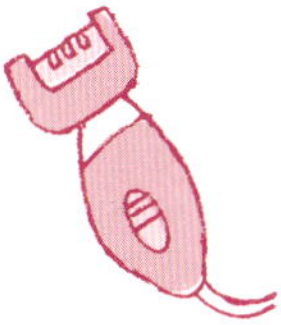

●家庭用脱毛器

毛抜きやワックス・テープよりは、
肌への負担は少ないが、
人によっては炎症を起こすことも
あるので注意。

肌にやさしい脱毛のために

処理をする前に、肌や道具を清潔に。
入浴して皮膚をやわらかくすると
処理がしやすくなります。
脱毛後は冷やしたタオルなどを当てて、
クリームなどで保湿をしましょう。
体調が悪いときや生理中は、
皮膚の免疫も弱いので脱毛は控えること。

顔剃りは注意して！

顔の産毛を剃ると、
角質も一緒にそぎ落とされるので、
シミの原因にも。
顔剃りは、せめて
月1回程度に
おさえましょう。

72 ゆとりの1日は早起きから

朝日を浴びて、心身をリセット！

早起きして、
朝日をたっぷり浴びましょう。
朝の光には、
25時間にセットされている
体内時計のズレを、
24時間に合わせて
リセットする効果があります。
また、
マイナスイオンいっぱいの
清々しい空気を満喫すれば、
ストレスも軽減、
心もからだもお肌も
イキイキ！

★朝の太陽は、すばらしい！

★太陽に向かって深呼吸10回！

★午前5～9時の空気は、マイナスイオンたっぷり！

ゆとりある自分の時間をつくる

朝30分でも早起きすれば、
だれにも邪魔されない
その時間は
丸々あなたのもの。
趣味を楽しむ時間にあてたり、
資格を取る勉強をしたり、
今日1日の準備をしたり……
気持ちの余裕だけでなく、
自分の可能性を広げる
大きなチャンスも手に入ります。

73 本物を間近で味わう

芸術作品を味わう

美術や音楽、演劇など芸術作品は、〝本物〟を多く味わうこと。美術館やギャラリーで間近に眺める絵画や彫刻、演者の息づかいまで感じられるライブの舞台やコンサートの感動は、あなたの審美眼、感性をレベルアップしてくれます。

日常にちょっと贅沢を

ふだん使っているものを、良質なものや憧れの名品に替えてみるのも○。良質な磁器のティーカップでのティータイム、クリスタルのグラスでワインを……。日常的に〝本物〟にふれるゆとりが感性を広げます。

ティーカップやワイングラスを替えてみる。
マイ箸を塗りの高級品やハンドメイドの一品ものに。
湯のみをお気に入りの陶芸作家のものに。

74 美しいものをたくさん見よう

身近な自然にふれてみる

自然は、
人の力では創造できない最高のアート。
有名な景勝地に出かけなくても、
美しいアートにふれるチャンスはいっぱい。
街路樹、公園の草花、庭の木立や花々……、
自然を意識し、
五感を研ぎ澄ませていれば、
いつでもどこでも自然を感じられます。

★ふと見上げる
空の色、雲の形も
自然の造形美。

★散歩中に漂ってくる
花の香り、
どこからか聞こえる
鳥のさえずり。

★アスファルトの
すき間から伸びる草花も。

自然のパワーをもらう

自然には、
人を元気にするパワーがあります。
たとえば、
森林のなかでくつろいだときに
みなぎってくる活力、心の清浄さは、
自然のエネルギーが、
わたしたちの生命の根源に
作用しているもの。
自分が充電できる、
お気に入りのパワースポットを
用意しておきたいもの。

家の近所の樹木が豊かな公園、
噴水や花のきれいな公園、
緑豊かな神社の境内、
街並みが一望できる丘の上……、
休日にふらっと行けるような、
山並みに抱かれた清流、
絶景が見える海辺……etc。
好きな場所を見つけて、
あなただけのパワースポットに。

夜空の星を見る

家路を急ぐ途中、
ちょっと夜空を見上げてみて。
せかせかと歩いていた足が止まり、
きっと大きな宇宙に
引き込まれているはず。
そして、ふだん近くばかり見ていて
疲れ気味の目だけでなく、
気持ちまで休まってきます。

★星もあなたにとって、
大きな自然！

★ときには、
自分のことを遠くに置いて
見ることも。

75 お部屋に花を飾る

花が生み出す美しい空間

花を生けると、お部屋が美しくなります。
花そのものの美しさはもちろんのこと、
花を置くと周辺を片づけたくなるから。
花が引き立つテーブル、
テーブルクロス、カーテン……、
花と生活が密着するほどに、
お部屋もセンスも磨きがかかります。

季節感のある花を生けてみる

季節の花をお部屋に飾ることは、
常に季節を感じていられること。
お花屋さんでいちばんに見かけた季節の花、
散歩中に川原や野原で目にした草花など、
旬のエネルギーあふれる花をお部屋に。
フラワーベースとその周囲の小物も
季節に合うもので。

76 週末は軽～いプチ断食！

胃腸を休め、リラックス効果も

週末に、1日だけの軽いプチ断食にトライ！
ふだん酷使気味の胃腸を休ませれば、
おなかの奥から活力がよみがえってきます。
血糖値や中性脂肪の減少、
便秘の解消はもちろん、ストレス解消にも。
断食後の爽快感は、
気持ちをゆったりさせるリラックス効果も大。
ただし、ふだんからよく食べ、
元気で体調万全な人のみにおすすめです。

簡単プチ断食メニュー

1　準備（前日）

朝食はふだん通りでOK。
昼食は腹八分めに、
夕食はふだんの半量程度で、消化のいいものを。
寝る3時間以上前までに。

2　プチ断食（当日）

固形のものはとらずに、
野菜ジュースや
ヨーグルト飲料などで。
とろとろに煮込んだ
野菜スープでも○。
ただし、お水や白湯など、水分はいつもより
多めにしっかりとって。
激しい運動は×。
音楽鑑賞、読書、
散歩などでゆったり過ごす。

3　アフターケア（翌日）

朝食は、軽くて消化のいいおかゆ、
梅干し、冷や奴など。
昼食はふだんの半量程度、
夕食は通常より少なめがベスト。
夕食からふだんの量に戻すときは、
できるだけ胃腸に負担の少ないもので。

77 笑って泣いて、心とからだの健康法

喜怒哀楽を シンプルに出して健康に

おもしろかったら大きな声で笑い、
悲しかったら涙を流す。
おとなになると、
“建前”という名の仮面が邪魔をして、
シンプルな感情表現が難しくなるもの。
ときには無邪気な自分に戻り、
思いきり笑って泣くことが、
脳をリラックスさせて
心身ともに健康になります。

無邪気にリセットできるレシピをもつ

だれでもこれを聴くと
絶対泣けてくるという曲があります。
また、何度見ても泣けたり、
おなかがよじれるほど笑ったり……、
という映画やドラマもあります。
ストレスを感じたら、我を忘れ、
無邪気になって気分を入れ替える……、
そのためのレシピを。

78 心もからだもお風呂でリセット

温泉気分を味わう

心身の疲れ解消の特効薬といえば、温泉!?
でも、遠出ができない毎日のなかでは、
各地の名湯の気分にひたれる
“温泉の素”の利用を。
自宅のお風呂にいながら、
草津温泉や湯布院、乳頭温泉……、
つかれば元気復活!

夜は洗うよりつかる

お風呂に肩までつかった瞬間に、思わずで出しまう「ふぁ〜」。
シャンプーなどササッと済ませたい朝と違い、
夜はゆっくり「ふぁ〜」を長引かせて
リラックスしたいもの。
音楽を聴いたり、本を読んだりしながら、
どっぷりつかりましょう。

たまには銭湯へ行ってみる

ときには、近所の銭湯へ行き、
大きなお風呂で
両手両足を伸ばしてリラックス。
いろいろなお風呂のある
スーパー銭湯やスパ施設なども
設備が充実しているので、
レジャーとしても○。

79 夜のひとり時間を楽しむ

映画を見る

ひとりっきりのＤＶＤ鑑賞会を。
今週はコメディー、
来週はフランス映画……などと
テーマを決め、
上映スケジュールを立ててみては？
紅茶やワイン、スイーツなど
小道具も万全なら、楽しさ倍増。

ブログをつくる

ブログをつくってみるのも楽しい！
身のまわりのできごとを
日記風につづるのもよし。
趣味の世界を深めるのもよし。
情報交換など
ネットワークを広げるのにも有効。
ただし、つい夢中になって
長引いてしまうのは、夜更かしのもと。
１日30分などと時間を決めて。

ヨーガでリラックス

呼吸を整えながら、
ひとつのポーズを
ゆっくり時間をかけて。
昼間の緊張やストレスで
かたまっていた
心身がほぐれ、
疲れが取れてきます。

★ヨガは、
鼻から息を吸って
鼻から吐くのが
基本！

★中途半端に
いろいろなポーズを行うよりも、
ひとつのポーズをしっかりと！

瞑想して心を落ち着ける

数分間でも座って目を閉じると、
心が穏やかになってきます。
ゆっくりと深い呼吸をしながら、
少しずつ座っている時間を長くしてみましょう。
雑念が消え、「無」になれたら上級。
お香や静かなBGMに意識を集中してもOK。
正座、椅子に腰かける、
少し難しい座り方の蓮華座など
好きな座り方からはじめてみて。
深呼吸しながら、
家族や愛犬、好きな風景やものなどを
イメージするのも○。
慣れると、すっとイメージの世界に入れて、
気持ちがゆったりするはず。

80 家で過ごす休日はゆったり贅沢に

本や音楽の世界にひたってみる

特別な予定のない休日は、
1日中、
好きな本や音楽三昧で過ごすのも贅沢。
その日のテーマを決めて、
作家やアーティストを選び、
どっぷりとその世界につかってみましょう。

昔夢中で読んだ本、
よく聴いたCDを引っぱり出して、
まとめて味わってみるのもおすすめ。
違った世界が広がったり、
自分を見つめ直せたりするはず。

お気に入りのふだん着で過ごす

ふだん着のアイテムに、
ちょっと奮発してお気に入りの1着を
加えてみましょう。
憧れのブランドのものや
シルク、カシミヤなど
素材にこだわったものを。
もちろん、着心地のよさも忘れずに。
家で飛びきりの休日を過ごす日の
定番にしてみては？

Part 3

おとなの女性の美しさ

81 気持ちいい近所づき合いの基本

ご近所がまったくいない山のなかでの
生活を想像してみましょう。
とても不安でさびしいものですね。
近所づき合いは
わずらわしいものではありません。
ご近所はあなたとその街で
一緒に暮らすパートナー。

日々のあいさつ、
ゴミ出しの日を守る、
公共スペースほどきれいに使うなど、
美しい生活の基盤ができてこそ、
社会人としての
あなたの人柄が生かされます。

騒音に配慮するのは、
当たり前のことですが、
「お互い様」という広い心をもつと、
いちいち他人に干渉しない
すてきな生活ができあがります。

82 気持ちいい近所づき合いのポイント

引越しのごあいさつ

引越しの当日、
1000円以下の
品を持ってあいさつを。
集合住宅なら、
範囲は管理人、上下階、両隣。
食べものより
生活用品がおすすめです。

音を配慮する時間帯

他人のくつろぎの時間を
尊重すると、
自分自身の生活も守れるものです。
夜10時〜朝8時のあいだは、
なるべく掃除機や洗濯機の使用は
避けましょう。

おすそわけにチャレンジ

ご近所に顔見知りの人がいるだけで、
なにかと心強いものです。
よくあいさつをするご近所さんに
おすそわけや旅行みやげを渡してみましょう。

苦情をいうとき

苦情をいいたい
本人よりも、
管理人へ
伝えるのが
無難です。

83 お呼ばれされたとき

「親しき仲にも礼儀あり」といわれるように、
どんなに親しい相手でも
最低限の礼儀は必要です。
相手の状況や気持ちを思いやり、
不快感を与えないように気をつけて！

NG!
つまらないものですが…

手みやげ

近所では買わない、
花束よりアレンジメント、
紙袋から出して両手で渡す、
などが基本ルール。

あいさつ

洋室ではイスの脇に立って、
和室では座ぶとんの脇に正座して。
玄関先では軽く、
室内できちんと伝えるのが作法。

相手にお尻を向けて靴をそろえる
NG!

訪問時間とおいとま

5分くらい遅れて着くのが礼儀。

そして長居は禁物です。

「今日は○時くらいに失礼します」

と先に伝えましょう。

用意された食事を断る
NG!

84 おもてなし

自分よりも、
相手のことを優先して考えること。
それが、
おとなの女性のおもてなしです。

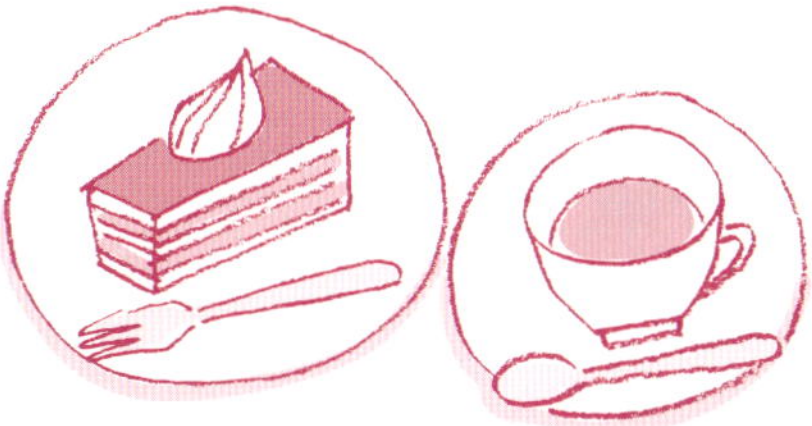

玄関とトイレを
ピカピカに磨いておく。

雨の日はタオルを
用意しておく。

相手の好みに合わせた
飲みものやお茶菓子を
用意する。

お客様がいかに
リラックスした気分で
過ごせるか、
誠心誠意きちんと
考えることが、
自分自身を
豊かにしてくれるのです。

★おみやげ

いただいたおみやげは、ひと言断ってから、
用意していたお菓子より先に出す。

★おもてなしのおとなのマナー

「とても楽しい時間を過ごしました」
という気持ちを込めて、
一度は引きとめるのがマナー。

85 贈りものをする―お祝いごと

贈るのは、「もの」ではありません。
「心」です。
贈りものは、
日頃からお世話になっている人へ
お礼の気持ちを伝える絶好の機会。
心の通わない儀礼だけの贈りものには
意味がありません。
「ありがとう」の気持ちを込めること。
それがもっとも
正しい作法ではないでしょうか。

贈るものは、
相手のよろこぶ顔を想像しながら、
もらってうれしいものを選びましょう。
心の込もったあいさつ状をつけて、
正しいタイミングで、
ふさわしい贈りものを！
この3つをおさえておけば、
あなたの心が
相手にまっすぐに届くはずです。

●出産

タイミング …… お七夜（産後7日）から生後3週間以内
ふさわしいもの… 記念になる銀のスプーン、ベビー用品など
のし表書き …… 御出産祝　祝御誕生

●結婚

タイミング …… 遅くても披露宴の1週間前
ふさわしいもの… 新生活で使えるもの
のし表書き …… 寿、御祝、御結婚御祝

●開店・開業

タイミング …… 開店当日か前日
ふさわしいもの… 花、かけ時計など
のし表書き …… 御祝、祝御開店

お返しのマナー

いただいたら、
お礼状や電話を。
入学や卒業のお祝い、
就職のお祝いには
お返しは不要。
品ものを贈るときは
あいだを空けること。
すぐに贈ると
儀礼的な印象に。

86 贈りものをする―お見舞い

病気のお見舞いには、いたわりが必要です。
とんでもないものを贈ってしまっては、
相手を元気づけるどころか逆にマイナスに！
NGルールを徹底してマスターしましょう。

お見舞い金を贈るとき

予算の目安は、親族が5000～2万円、上司・同僚が3000～1万円、友人・知人が3000～1万円。
ただし、目上の人へは現金ではなく、商品券で贈るほうが○。
「四→（死）」「六→（無）」「九→（苦）」の
数字になるお見舞い金はNGです。

NGの品もの

“根つく＝寝つくをイメージさせる” ということから、鉢植えはNG

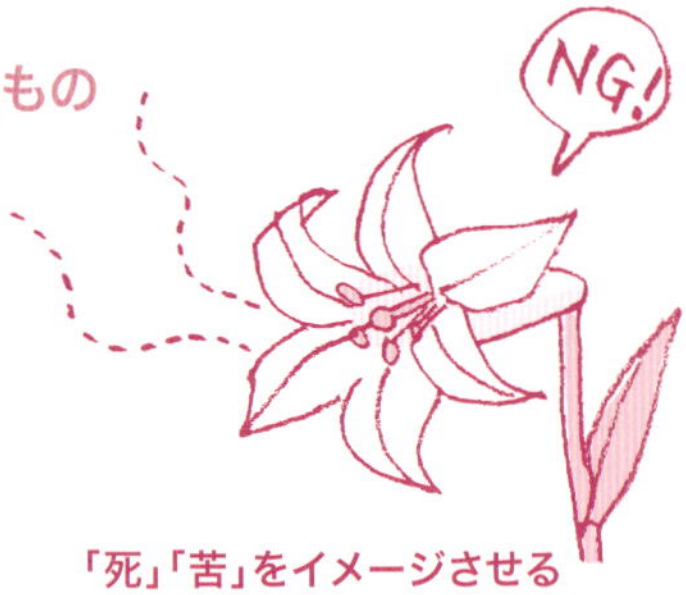

「死」「苦」をイメージさせる シクラメンの花や においの強いゆりの花はNG

NGルール

病状が落ち着く前のお見舞いや
退院してからのお見舞いは避けましょう。
また、面会は30分以内。
大勢で行くのも迷惑です。

87 贈りものをする―お中元・お歳暮

◆お中元
7月はじめから15日頃までに贈る

仕事でお世話になっている人や
親戚、知人などに、
季節のあいさつも兼ねて、
日頃の感謝を形にして贈ります。

◆お歳暮
12月上旬から20日頃までに贈る

職場の上司、仕事関係、親戚、知人など、
1年間お世話になった
お礼の気持ちを伝えます。
相手先に訪問するのが正式な形ですが、
できないときは、
あいさつ状を別送すると、
きちんと相手に気持ちが伝わるでしょう。

お返しのマナー

品ものをお返しする必要はありません。
いただいたことへのお礼状を
気持ちを込めて送ります。
どうしてもお返しをしたい場合には、
お中元のお返しなら秋口に、
お歳暮のお返しなら年が明けて
年始のあいさつと一緒に、
少しあいだを置いて
贈りましょう。

88 和服のルール 美しい所作

自分のなかにある「女性らしさ」を
強く意識させるのが着物です。
友人の結婚式やちょっとしたお呼ばれの機会に、
思いきって着てみましょう。
静かに歩く、ゆっくりとお茶をいただくなど、
ちょっとしたしぐさ、ふるまいにも
ふだんにはない高い美意識が生まれます。
お茶の香り、色彩、味わいが深まり、
感覚が繊細で鋭くなるから不思議です。

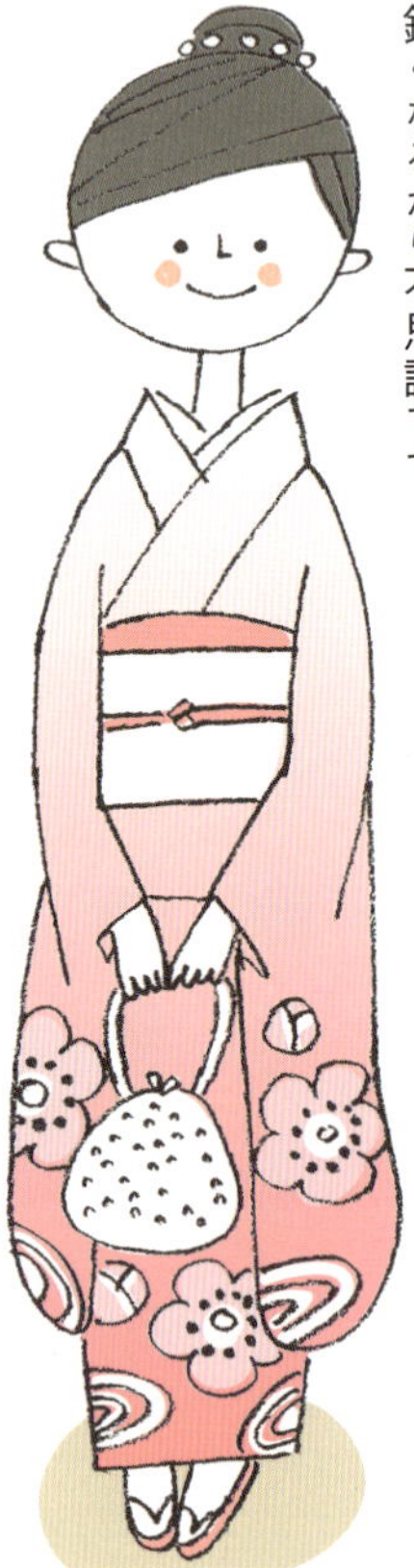

着物での正しい姿勢は、
あごを少し引き、背筋をすっと伸ばします。
肩甲骨を中心に寄せるようにすると、
うなじが美しく見え、女性らしい気品が漂います。
歩くときは少しだけ内股にして、
1本の線をはさむように小さめの歩幅で進みます。
美しい所作で、あなたの着物姿がいっそう華やぎます。

イスに座る

深く座ると帯がつぶれるため、浅めに腰かける。

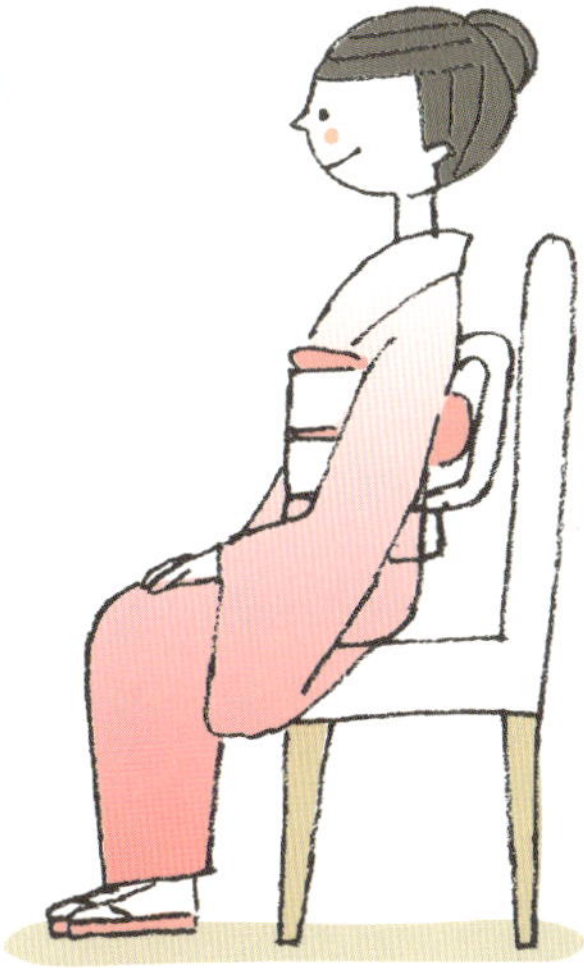

腕を上げる

袖がずり落ちないように袖口を手で押さえる。

車の乗り降り

はじめにシートへ浅く座り、両足をそろえて車内へ運ぶ。

階段の上り下り

上るときは1歩ずつ。下りるときは足首が出ないよう、からだを斜めにしてつま先から。

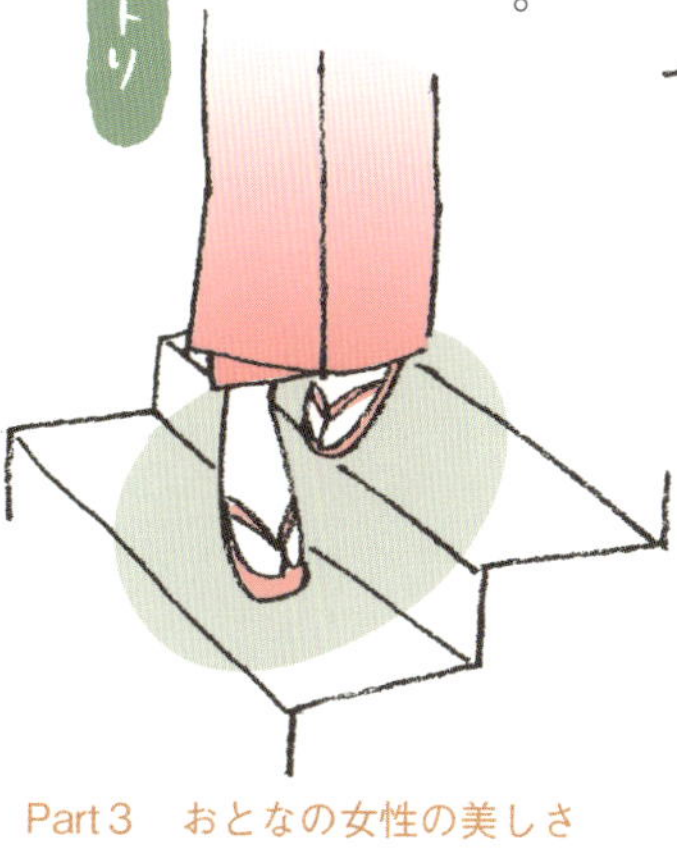

89 和服のルール メイクとヘアスタイル

「品格のある華やかさ」にこだわって、
着物の色合いや柄、そして目的や場所にふさわしい装いを。

着物メイク

直線的なくっきり眉は避け、
全体が
やわらかい印象になるよう
鮮やかな色の口紅を選びます。
ラメやパールの入ったものより、
マット系でまとめます。

ヘアスタイル

ロングの人は、結い上げて
後れ毛に注意しましょう。
ショートの人は、高めの位置で
結い上げると華やかに。
襟足でまとめると落ち着いた印象。

アクセサリー

カジュアルな席なら、
大きめのコサージュやカチューシャ。
フォーマルな席なら、
漆塗りのくしや金銀のかんざしが、
さりげなく飾ってくれます。

90 お茶会に招かれて

清楚な美しい装いで出かけましょう。
大切なのは、季節感を意識すること。
洋装の場合は、アクセサリーはつけず、
正座でひざが見えないスカート丈に。
寄つき（茶会の待合室）で、
ストッキングの上から、
白い靴下をはくのがルールです。

茶室の花やかけ軸を
ゆったりとした気分で拝見し、
心を静かにして季節感を味わいます。

お茶を飲むときは、
「どうぞ」とすすめられてから。
お茶碗を右手で持ち、
左手でお茶碗の底を受け、
お茶碗の正面をよけて飲みます。
飲み終わったら、
両手で相手の方に正面を向けてかえします。
ひとつひとつの動作をゆっくりと丁寧に。
お菓子を出されたら、
お茶より先にいただくのが作法です。

91 結婚式の立ち居ふるまい

主役は新郎新婦。
ふたりを心から祝う気持ちが大切です。
晴れの日にふさわしい立ち居ふるまいを心がけましょう。

到着

少し早めに着くのがマナー。
遅刻しそうなときは、
会場へ電話を。
着いてから化粧室で
メイクを整えるゆとりを。

受付へ

「本日はおめでとうございます」
とお祝いのことばを述べ、
自己紹介。

本日はお招きいただき、
ありがとうございます。
新婦の友人の
○○でございます。

ご祝儀を渡す

ふくさをたたみ、
その上に祝儀袋を置いて
両手で手渡す。

■ご祝儀の金額の目安

＊友人・知人
20代なら2〜3万円。30代なら3万円。
＊親しい親戚・兄弟姉妹
5〜10万円。

会場で

パーティバッグだけ持って入場。コートや大きいバッグは、クロークへ。

携帯電話の電源を切り、席に着くときは、両隣の人に軽く会釈を。

退場する

新郎新婦と両親に、お祝いとお礼を述べて退場。

席次表、名札、メニューを持ち帰る。

結婚式での服装のマナー

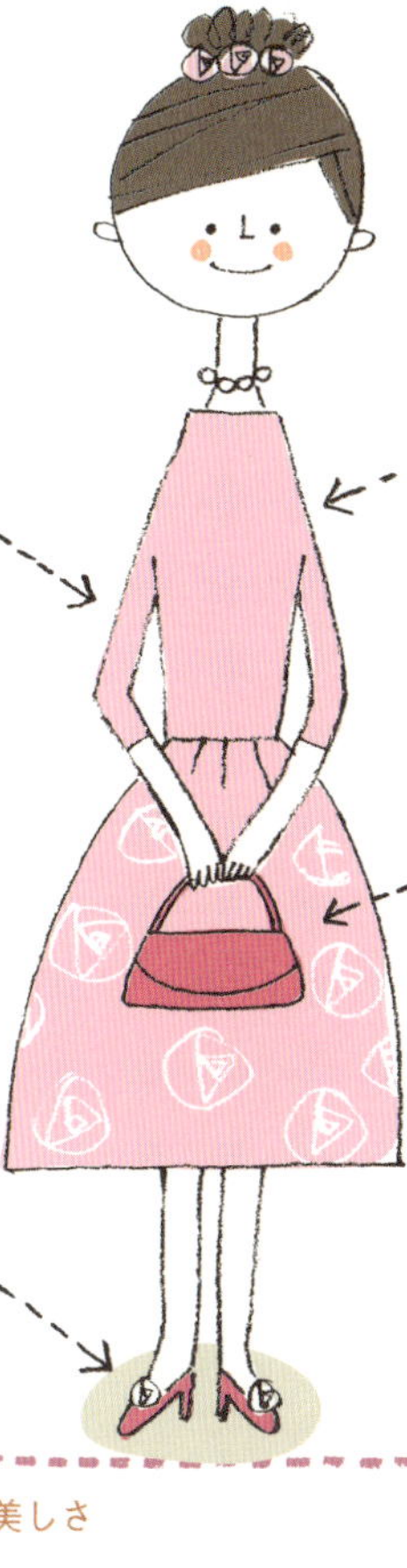

ドレス

昼は肌の露出の少ないものを。夜は大胆なデザインも○。いずれも平服は避ける。

色

白は避けるが、全身まっ黒もNG。

バッグ

クロコダイルなどのは虫類系の皮素材はNG。

靴

サンダルやつま先の空いた靴はNG。ヒールは、最低3㎝あるものを。

92 通夜・告別式の立ち居ふるまい

遺族と知人が、亡くなった人の冥福を祈ってひと晩を過ごす通夜。

そして、故人の成仏を祈って最後の別れをいうのが告別式です。

悲しみを胸にしまい、冷静な態度で参列します。

受付で

「この度はご愁傷様でございます」と述べる。

香典は、薄墨で表書きしたものをふくさから出して、「ご霊前にお供えくださいませ」と渡す。

お悔やみのことば

「心からお悔やみ申し上げます」。

キリスト教では、「安らかなお眠りを申し上げます」と、声は小さく述べる。

遺族へは心を込めて黙礼を。

■香典の金額の目安

＊ひとり　5000円。
＊連名　ひとり2000～3000円。

通夜ぶるまい

弔問客へのもてなしには、お礼とお清めの意味があります。時間があれば、お招きを受けるのが作法です。

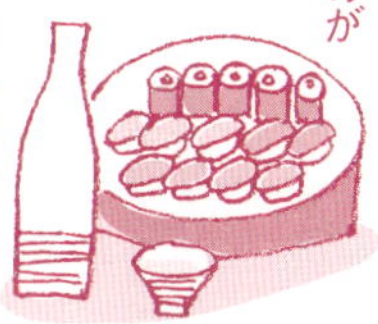

お清めの塩をもらったら

自宅に入る前に、胸・背なか・足もとの順に塩を振りかける。ひとり暮らしの人は、背なかではなく肩口に。

通夜・告別式での服装のマナー

ヘアスタイル
長い髪は、小さくまとめる。

★アクセサリーは、結婚指輪以外は避ける。真珠のネックレスは1連。

メイク
口紅はリップクリームなどで、軽く色づく程度。

服装
夏でも長そでが正式。出棺のときはコートを脱ぎ、黙とうをして別れを惜しむ。

服装
黒のスーツ、ワンピースなど。

★服装は、光る素材、肌の露出が多いものは×。ブーツ、香水もNG。

93 子どもの成長を祝う

子どもの成長を祈る行事は身内で祝うのが一般的ですが、
いざというときのために、しきたりをしっかり覚えておきましょう。

帯祝い

妊娠5か月めの戌の日に、安産を願って腹帯を巻くしきたり。犬はお産が軽く、多産なことにあやかって〝戌〟の日が選ばれています。

妊婦のおなかの保護と保温、胎児の位置を安定させる効果も。

お七夜

赤ちゃんが生まれて7日めに、その健やかな成長を祝って名前を決める。身内だけで祝うのが一般的です。

名前を記した命名書を飾って披露。

お宮参り

生後1か月頃、赤ちゃんに産着を着せて氏神様に参拝、誕生の報告と感謝をし、今後の成長と幸せを祈願します。

父方の祖母と両親がつき添い、祖母が赤ちゃんを抱いて参拝。

お食い初め

生後100日めに祝い膳を整え、赤ちゃんに食事の真似ごとをさせます。〝わが子が一生食べものに困らないように〟という願いを込めた儀式。

初誕生

赤ちゃんの満1歳の誕生日を祝う行事。かつては、丈夫に育つようにとの願いを込め、餅をついて子どもに背負わせる風習がありました。最近は、バースデーケーキでお祝いするのが一般的。

七五三

成長の節目に、幸せと長寿を祈るしきたり。3歳の男女、5歳の男子、7歳の女子が、その年の11月15日前後に、神社にお参りします。

94 人生の節目の年を祝う

おとなになってからの儀礼もたくさんあります。
時期や意味、しきたりをしっかり身につけて。

成人式

満20歳となっておとなの仲間入りをした男女を祝福する儀式。昔の元服に当たります。毎年1月の第2月曜日に、各地で新成人を祝う記念の式典などが催されます。

厄年

人間の一生のうち、もっとも病気や災難に遭いやすいとされる〝厄年〟には、社寺にお参りをして厄払いをするのが習わし。無駄に恐れず、生活態度などを見直すよいきっかけにしたいもの。

- ●男性の厄年……数え年の25歳、42歳、61歳
- ●女性の厄年……数え年の19歳、33歳、37歳

賀寿（長寿の祝い）

満60歳の〝還暦〟以降の長寿を祝うしきたり。寿命が延びた昨今では、〝古稀〟からお祝いすることが多くなっています。60から100歳までを上中下に分け、100歳からは〝賀〟を歳の下につけ、毎年祝います。

- ●60歳ー還暦（かんれき）
- ●70歳ー古稀（こき）
- ●77歳ー喜寿（きじゅ）
- ●80歳ー傘寿（さんじゅ）
- ●88歳ー米寿（べいじゅ）
- ●90歳ー卒寿（そつじゅ）
- ●99歳ー白寿（はくじゅ）
- ●100歳ー上寿（じょうじゅ）
  百賀（ひゃくが）

95 古きよき暦に親しむ①

月の満ち欠けが基準の旧暦

日本では、明治6年（1873年）に
太陽暦を採り入れるまで、太陰暦（旧暦）が使われていました。
月の満ち欠けをもとにしてつくられた暦で、
新月（朔＝1日）からはじまり、
上弦の月（8日頃）→満月（望＝15日頃）→
下弦の月（23日頃）→新月に戻って
新しい月がスタートします。
ひと月は、月が地球を1周する約29・5日で、
1年は354日。
地球が太陽のまわりを1周する
365・26日を1年とする
太陽暦とは誤差があり、
閏月を加えて調整しました。

＊太陰とは“月”のこと。
＊ひと月が30日の大の月、
29日の小の月が、
ほぼ交互にあった。

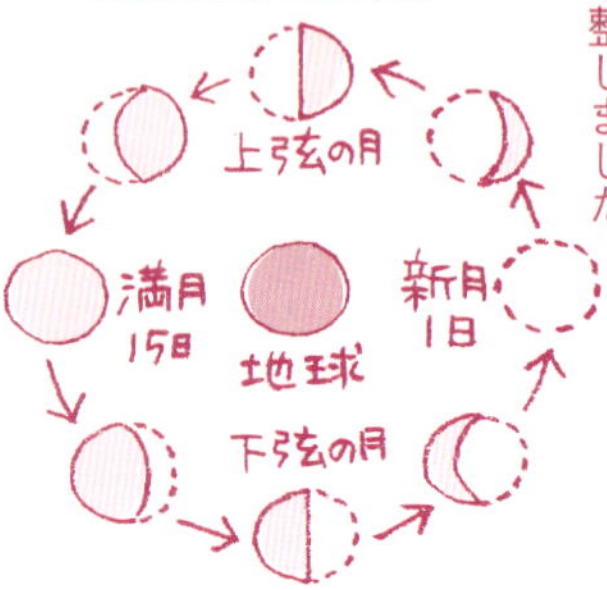

二十四節気は季節の目安

太陽暦との
誤差のために
季節感にズレを
生じたことから、
実際の季節を知る
目安として
考えられたのが
二十四節気。
太陽の動きをもとに
1年を24に分け、
その節目に
名前をつけたものです。

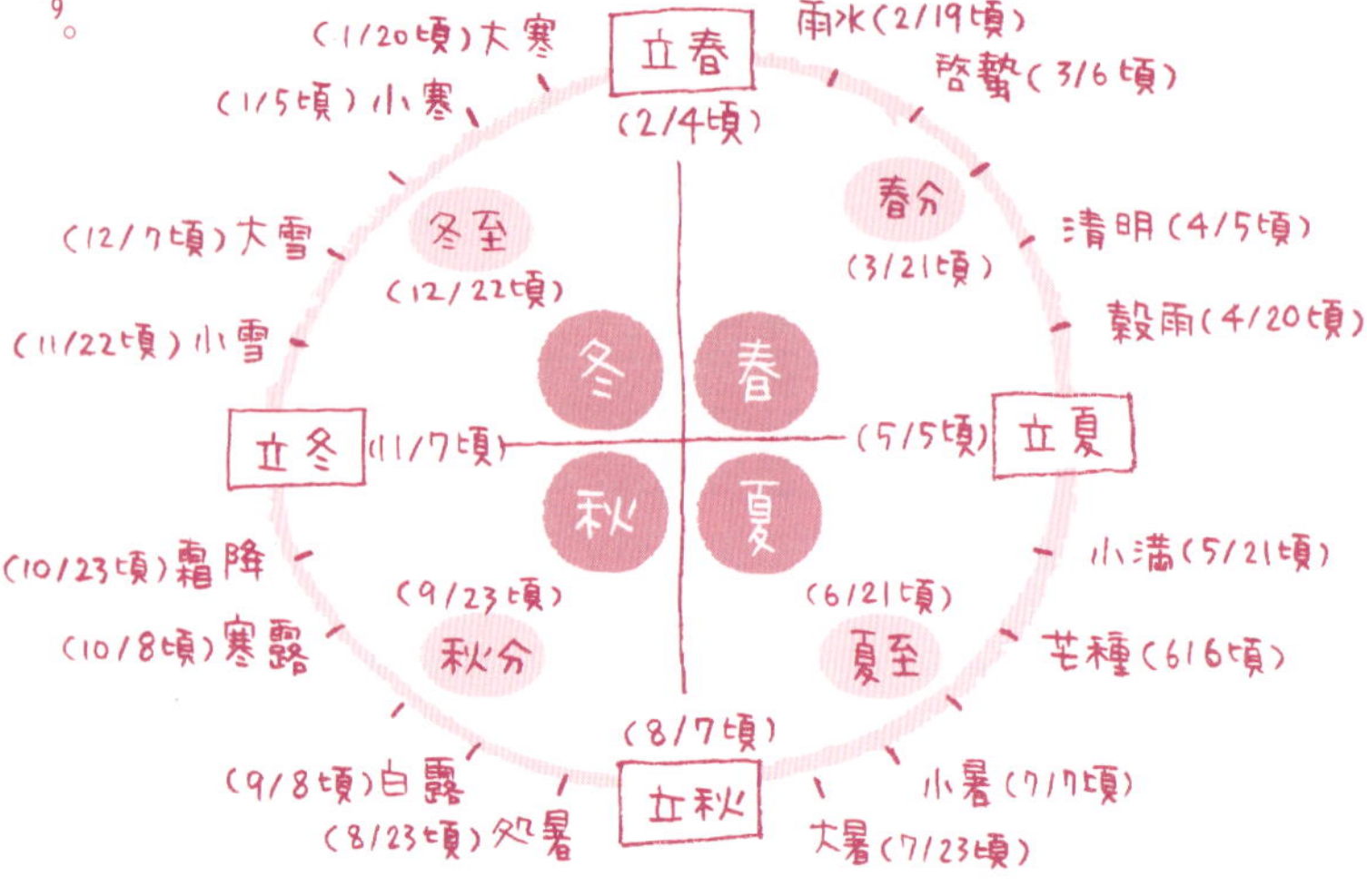

96 古きよき暦に親しむ②

暮らしのなかの季節の目印

二十四節気以外にも、中国から伝わった祝祭の風習がベースの〝節句〟や、日本独自の暮らしのなかで生まれた〝雑節〟など季節の変わりめの目安とされる日も覚えておくとよいでしょう。

星の動きから生まれた十二支

〝干支〟とは〝十二支〟のことで、12年で天を1周する木星の運行を12に分け、星のいる場所に動物の名を当てたもの。もともとは12か月の呼び名でしたが、いつからか年や日、時刻、方位まであらわすようになりました。

おつき合い歳時記

✿節句（5節句）　♥雑節　🎁おつき合い

1月	7日	✿	人日
2月	3日頃	♥	節分
	14日	🎁	バレンタインデー
3月	3日	✿	上巳（桃の節句）
	14日	🎁	ホワイトデー
	21日頃	♥	彼岸（春分をはさんだ1週間）
		♥	社日（春分に近い戊の日）
4月	ナシ		
5月	2日頃	♥	八十八夜（立春から88日目）
	5日	✿	端午の節句
	第2日曜	🎁	母の日
6月	11日頃	♥	入梅
	第3日曜	🎁	父の日
7月	2日	♥	半夏生
	7日	♥	七夕
	〜中旬	🎁	お中元
	13〜15日	🎁	お盆
	下旬	🎁	暑中見舞い
	立秋前の18日間	♥	土用
8月	立秋後	🎁	残暑見舞い
9月	1日頃	♥	二百十日（立春から210日目）
	11日頃	♥	二百二十日（〃　220日目）
	第3月曜	🎁	敬老の日
	23日頃	♥	彼岸（秋分をはさんだ1週間）
10月	ナシ	♥	社日（秋分に近い戊の日）
11月	ナシ		
12月	〜25日頃	🎁	お歳暮

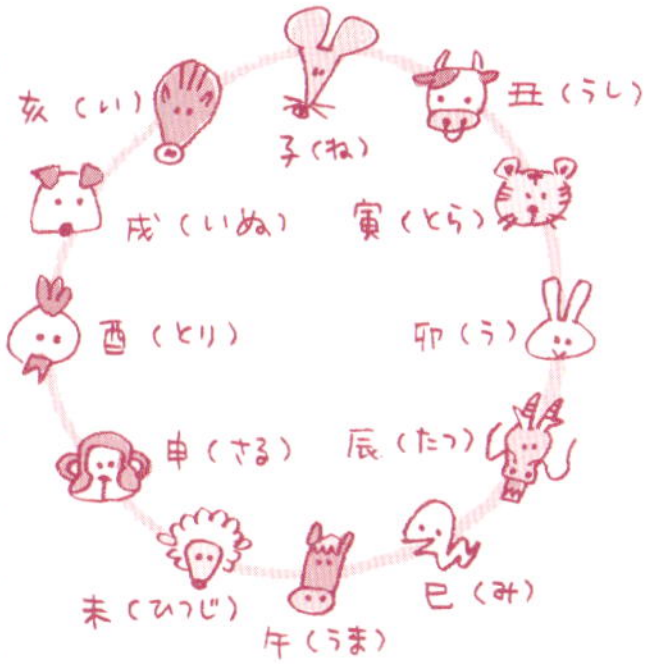

97 四季を楽しむ―春の行事

桃の節句のひな祭り …3月3日

女の子の節句、ひな祭りは、古代中国のお清めの習慣が伝わり、自分の身代わりの人形を川に流す〝流しびな〟を行うようになったのがルーツ。ひな人形を飾り、女の子の美しく健やかな成長を祈ります。

ひなあられ、白酒、桃の花などを供え、
ちらし寿司とはまぐりの吸いものをいただく。
人形を片づけるのは、なるべく翌日に。

野草を味わう

野山に春の訪れを告げる野草たち……、草木がいっせいに芽吹き、生命のパワーがみなぎる自然のなかでの山菜摘みも楽しみ。春の空気をいっぱい吸ったら、持ち帰った野草で、舌もリフレッシュ。

●ふきのとうは天ぷらに。
生のまま刻んで
みそ汁に浮かべても○。

●よもぎ団子は季節の定番。
さっとゆでて刻み、
炊きたてごはんに混ぜると、
香りのよいよもぎごはんに。

●ぜんまいやわらび、こごみは、
ゆでておひたしや和えものに。
ぜんまいとわらびは
アクが強いので、
アク抜きを忘れずに。

お花見

もともとは農繁期を迎える前の
豊作祈願の神事でした。
神様が降臨する桜の木の下で
飲んだり食べたりするのは、
古代信仰の名残りとか。
ときには手づくりお弁当持参の
散歩や桜餅と日本茶で
お花見などというのもおすすめ。

八十八夜…5月2日頃

立春から数えて88日めの八十八夜。
この頃から
霜の降りる日がなくなり、
農作業がはじまる
合図となる大事な日です。
昔から、八十八夜に摘んだ新茶は
〝不老長寿〟の縁起物と
されています。

★新茶をおいしく味わう

60度くらいのお湯を
急須に注ぎ、
蒸らすこと1分強。
湯のみに注いで、
香り、甘みを
堪能しながらいただく。

端午の節句…5月5日

5月5日の子どもの日は、
端午の節句。
五月人形や鎧兜《よろいかぶと》、
鯉のぼりを飾り、
柏餅やちまきを供えて、
男の子の健康と出世を願う
祝いごとです。

●鯉のぼり

鯉の滝のぼりにちなんで、
立身出世の願いが
込められたもの。

●柏餅

新芽が出ないと
古い葉が落ちない“柏”。
その葉で包んだ餅を食べるのは、
“家系が絶えないように”
との願いから。

●菖蒲湯

端午の節句には、
菖蒲湯に入って
無病息災を願う。

98 四季を楽しむ―夏の行事

衣替え…6月1日

6月1日は、
いっせいに夏服へ着替えます。
季節に合わせて、衣服を着替える
〝衣替え〟の習慣は、
平安時代の〝更衣〟という
宮中行事がルーツ。
当時は年2回の
旧暦4月1日と10月1日に、
衣替えが行われ、
江戸時代には、
武士の衣替えの日が定められ、
やがて庶民にも
広がっていきました。

七夕…7月7日

五節句のひとつの七夕は、
年に1回だけ
逢瀬を許された
牽牛星と織女星の
ラブストーリー。
もともとは、
裁縫の上達を願う行事で、
短冊に願いごとを書き、
ほかの七夕飾りと一緒に
笹竹に吊るすと、
願いが叶うと
いわれています。

七夕飾り

小さな笹竹を入手して、
家でささやかな七夕祭りを。
赤、青、黄、白、黒の5色の色紙で
短冊や飾りをつくり、
吊るすだけで十分。

土用…7月20日頃～8月7日頃

雑節のひとつの土用は、
立秋の前の18日間。
本来は立春、立夏、立冬と
合わせて年4回ありましたが、
今は立秋前の
夏の土用だけをさします。
この期間内の丑《うし》の日には、
うなぎを食べる習慣があります。
これは、暑さの厳しい時期に
栄養価の高いうなぎを食べ、
夏バテを防ごうというもの。

**「土用の丑の日にうなぎ」の習慣は、
江戸の蘭学者・平賀源内が、
考え出したといわれている。**

お盆（盂蘭盆会《うらぼんえ》）…8月13～16日（旧暦7月13～16日）

先祖の霊を家に迎えて、
供養を行う行事。
本来のお盆は旧暦の7月ですが、
「月遅れ盆」といって、
8月に行うところが多いようです。
死者の苦しみを救うための
仏教の行事と、
日本古来の祖先信仰が
結びついて生まれました。

先祖の迎え方

盆の入り（13日）の夕方、家の前で
〝迎え火〟を焚いて先祖の霊を迎え、
16日には〝送り火〟を焚いて送る。
仏壇の前などに〝盆棚〟をしつらえ、
野菜やくだもの、菓子、花などを
お供えする。
きゅうりの馬となすの牛は、
先祖の乗りものに見立てたもの。

暑さを和らげる昔ながらのコツ

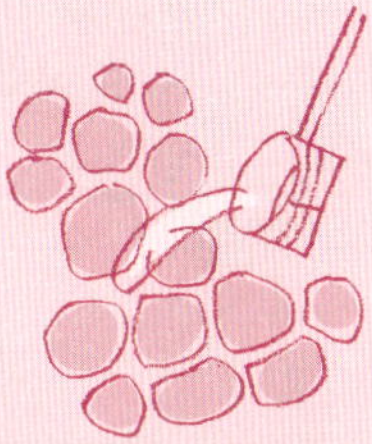

夏の夕暮れ、庭や道にまいた打ち水は、
日中の暑さでほてった地面の熱を
冷ます自然のクーラー。
日除けのよしずやすだれ、
素足に心地よい花ござは見た目にも涼しく、
風鈴の澄んだ音色が爽やかさを呼びます。
また、なすやきゅうり、トマトなど
夏野菜を多く食べるのも
おすすめ。
旬でおいしいうえに、
からだを冷やす効果も。

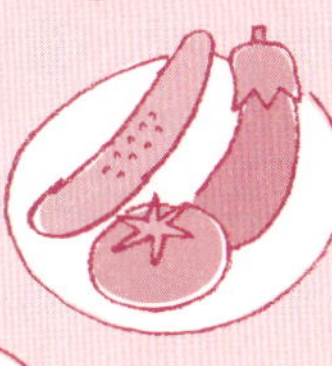

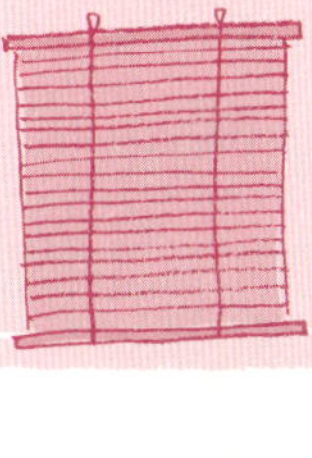

99 四季を楽しむ—秋の行事

重陽《ちょうよう》の節句…9月9日

中国では、
もっとも縁起がよい数字の
〝九〟が重なる9月9日を、
とてもおめでたい日として
祝いました。
旧暦の9月は、菊の花がまっ盛り。
長寿の花といわれる菊にあやかり、
菊の花を浮かべた酒を飲んで
不老長寿を願ったことから、
「菊の節句」とも
いわれています。

お月見（十五夜）…9月15日頃

旧暦の8月15日は「中秋の名月」とも呼ばれ、
1年中でもっとも明るく美しい
月が見られる日とされています。
このため、昔から月見の行事が行われています。

秋の七草を飾り、
三方にのせた月見団子、里芋、栗や柿など
秋の野菜やくだものを供える。
里芋を供える習慣があることから
「芋名月」の別名も。

お彼岸
…9月23日前後

お彼岸は、毎年2回春分の日と秋分の日をはさんだ前後3日ずつの1週間のこと。この期間、寺院では〝彼岸会《ひがんえ》〟の法要が行われ、各家庭ではお墓参りをして、先祖の供養をする習慣があります。

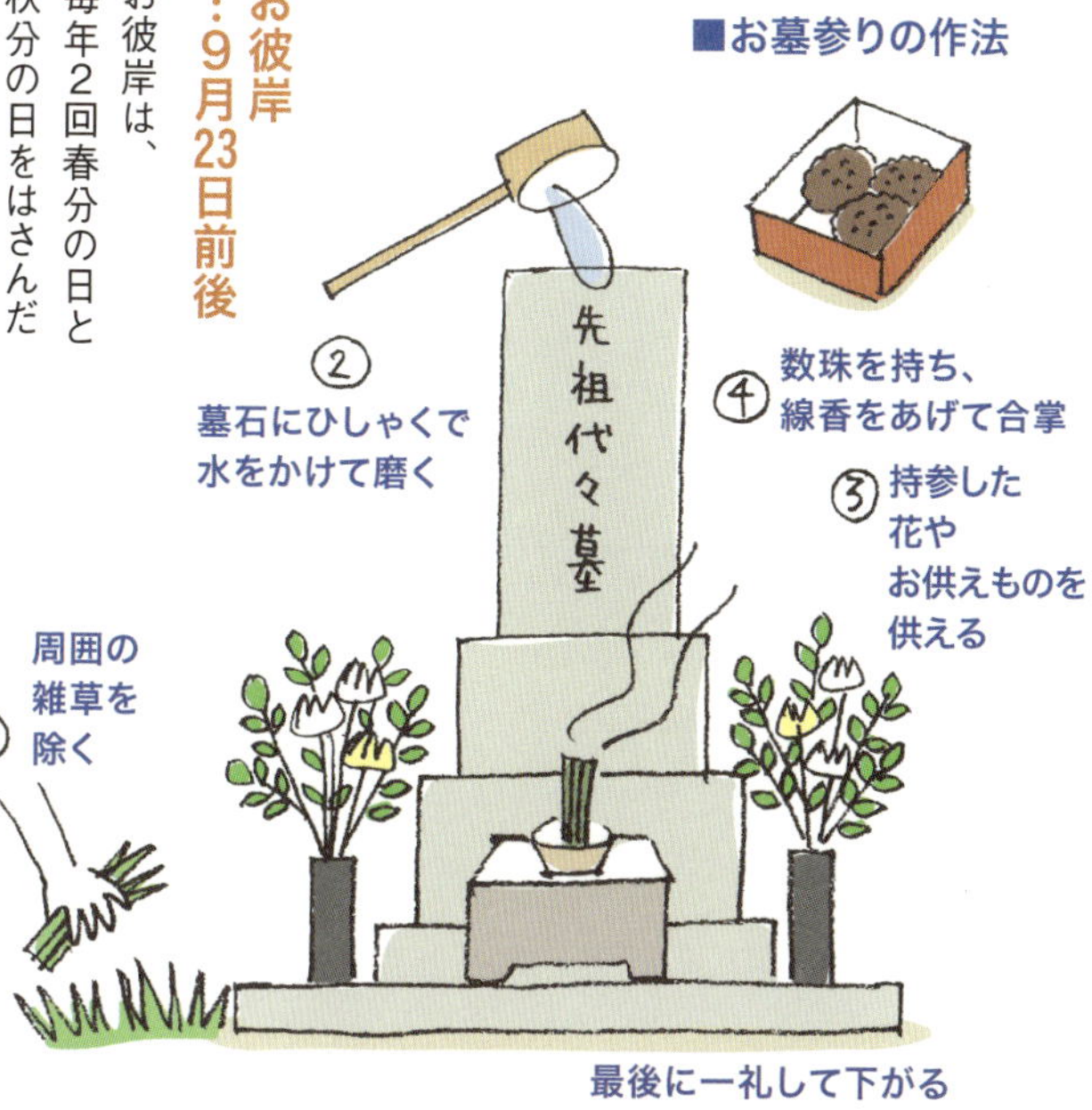
■お墓参りの作法
先祖代々墓
①周囲の雑草を除く
②墓石にひしゃくで水をかけて磨く
③持参した花やお供えものを供える
④数珠を持ち、線香をあげて合掌
最後に一礼して下がる

秋の七草で〝秋〟を感じる

お月見の席に花を添える秋の七草。萩、尾花（ススキ）、撫子、葛、女郎花、藤袴、桔梗の7つをさします。

お月見でなくても、何種類かを自分流にアレンジして飾り、お部屋に秋の風情を。散歩で拾ったどんぐりや落ち葉を添えるのも◎。

撫子
葛
女郎花
萩
尾花（ススキ）
桔梗
藤袴

100 四季を楽しむ—冬の行事

冬至…12月22日頃

1年でもっとも昼が短く、夜が長い日。この日からだんだん日照時間が長くなるため、「太陽がよみがえる日」「一陽来復の日」とも呼ばれます。冬至にかぼちゃを食べ、ゆず湯に入ると風邪をひかないといういい伝えも。

かぼちゃでビタミン、カロチン補給。
湯船に、ゆずを浮かべて。

大晦日…12月31日

各月の最終日を〝晦日〟といい、1年の最後の月の最終日なので〝大〟をつけて「大晦日」。昔は、正月準備は早く済ませ、大晦日は一晩中寝ずに神様を待つ習わしがありました。

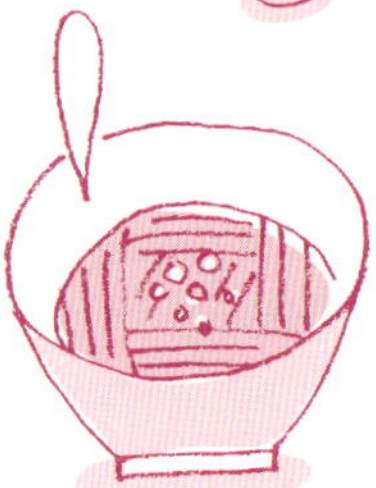

寿命が細く長く
続くようにと願って
年越しそばを食べる。

正月…1月1日(元旦)

新しい年に実りをもたらす年神様を迎えて、お祝いをする儀式が正月です。鏡餅や正月飾り、おせち料理を用意し、家族が幸せに暮らせるように祈ります。

門松は神様が降りてくるための目印、
注連飾りは神をまつる場所をあらわす。
鏡餅は神様へのお供え、
それを分けたのがお年玉の起源。
おせち料理ももともとはお供えものだった。

七草がゆ…1月7日

1月7日の朝、
春の七草を炊き込んだおかゆを食べて、
新しい年の無病息災を祈る行事。
お正月のごちそうで弱った胃を
整える効果もあります。

春の七草

芹（せり）、薺（なずな）、御形（ごぎょう）、
繁縷（はこべら）、仏座（ほとけのざ）、
菘（すずな）＝蕪、羅蔔（すずしろ）＝大根。
土鍋で炊くとよりおいしい！

節分…2月3日頃

節分は、文字通り
〝季節〟の分かれめ。
春がはじまる
立春の前日をさします。
この日の夜、
豆をまいて
鬼を家の外へ追い出したあと、
自分の年の数だけ豆を食べて、
1年間の無病息災を祈ります。

その年のめでたい方角を向いて、
太巻き寿司にかぶりつく
“恵方《えほう》巻き”。
関西の節分の習慣が、
最近では、
一躍全国区になっている。

“鬼”は
疫病や災害の象徴。
鬼退治に豆をまくのは、
「豆で鬼の目を
打つ（魔目）」
ことから。

監修
加藤ゑみ子（かとう えみこ）
インテリアアーキテクト。1965年、桑沢デザイン研究所インテリア住宅専攻科卒。加藤ゑみ子インテリアサロン開設、オープンハウスの設立を経て、1985年、（株）空間構造を設立、現在にいたる。住宅・インテリア設計、住宅関連商品におけるデザインを専門とし、生活研究、テーブルセッティング等にも造詣が深い。インテリア店舗運営のコンサルティング等もてがけ、講演多数。雑誌等でも活躍。著書に『お嬢さまことば速修講座』『気品のルール』『上質生活』（ディスカヴァー・トゥエンティワン）、『リビング・ビューティフル・テクストブック』（空間構造扱い）などがある。
●（株）空間構造　http://www.kukan-kozo.net/

イラスト
中小路ムツヨ（なかこうじ むつよ）
1960年生まれ、大分県出身。デザイン会社、出版社を経て1986年よりイラストレーターとしてフリーで活躍。雑誌や書籍などの挿画を手がける。
enpitsu note
http://www.k5.dion.ne.jp/~enpitsu/

執筆協力　鈴木洋子　広瀬美佳子
組版　有限会社エルグ

きちんとした女性《じょせい》に見《み》られる
エレガントのルール100

2009年2月25日　第1刷発行

監修者　加藤ゑみ子《かとうえみこ》
発行者　南　暁
発行所　大和《だいわ》書房
東京都文京区関口1-33-4
電話 03-3203-4511
振替 00160-9-64227

装幀　石松あや
イラスト　中小路ムツヨ
編集協力　株式会社オメガ社
印刷所　歩プロセス
製本所　田中製本印刷

ISBN978-4-479-78193-6
乱丁・落丁本はお取替えします
http://www.daiwashobo.co.jp